わけるとつなぐ

これ以上シンプルにできない「論理思考」の講義

深沢真太郎

ダイヤモンド社

はじめに

「正解」のない世界で100年生きるすべての人へ

突然ですが、あなたは「クラシック音楽」を聴いたことがありますか？

私はあります。ただ、いまだに聴き方がわかりません。かつて友人に誘われてコンサートに行きましたが、30分もしないうちに熟睡。友人はこう怒るのです。

「ちゃんと聴いてよ！　せっかく苦労してチケット取ったんだから」

友人の気持ちは理解できます。その通りだなと思います。でも同時にこう思うのです。

「ちゃんと聴くってどういうこと?」と。

寝ずに最後まで聴いていれば、ちゃんと聴いたことになるのか?
その曲から情景を思い浮かべることができるくらいまでどっぷり浸かることなのか?
どれくらいの背景知識を持っていれば「ちゃんと聴ける」ようになるのか?
そして「ちゃんと聴けるようになった」というのは、どんな状態なのか?

つまり私は「ちゃんと聴く」とはどういうことか、実はよくわかっていない。もっとシンプルに言えば、クラシック音楽の聴き方がわからないのです。

「ちゃんと考えろ」

今日も世界中でこの言葉が飛び交っています。「ちゃんと考えてから話せよ」「ちゃんと考えて出した結論なの?」といったフレーズを、あなたもこれまでの人生で言われたことがあるでしょう。もしかしたらあなた自身も、誰かに言ったことがあるかもしれません。

では、「ちゃんと考える」とはいったいどういうことでしょうか。この問いの答えがないと、人々はいつまで経っても「ちゃんと考える」ができるようにはなりません。私がクラシック音楽を「ちゃんと聴く」方法を知らぬまま放置しているように、多くの人々が「ちゃんと考える」方法を知らないままでいるのです。

深沢真太郎です。ビジネス数学教育家として、学生・ビジネスパーソン・プロスポーツ選手などの思考力を高める活動をしています。学生時代は大学院まで数学を専攻。国内初のビジネス数学検定1級ＡＡＡ認定者。述べ1万人以上を指導。日本に「ビジネス数学」という教育を普及させることを使命に活動。これが私の簡単なプロフィールです。ひとことで言えば「教育者」です。

「ちゃんと考える」とはどういうことか。私は、それをかつての数学の勉強を通じて学びました。いま思えば数学を勉強していたのではなく、**数学という学問を通じて「考えるとはどういうことか」を学んでいた**ように思います。

実際、いま学生やビジネスパーソンの皆様に指導しているのは、数学そのものではありません。公式や演習問題でもありません。数学という学問で使われる思考法と視点です。なぜか。それさえ身につけておけば、長い人生においていくつも現れる難題に対し、自ら答えを出せるからです。たとえば「因数分解の問題を解きなさい」ではなく「因数分解のような視点で世の中を見てみよう」ということです。

そんな私が、「ちゃんと考えるとはどういうことか」という問いの答えを見つけたのは、つい数年前です。

かつての数学の学習で身につけたこと。そして数多くの教育研修の場で見てきた学生やビジネスパーソンの反応。それらを徹底的に分析し、これ以上できないほどシンプルにし、子どもでもできるように体系立てました。私がずっと探してきた本質。それはこうです。

ちゃんと考える＝「わける」と「つなぐ」

本書は、その本質を「ある物語」を通してあなたにお伝えするものです。なぜ物語なのか。それは、「考える」という行為は生身の人間が体験して初めてできるようになるものだからです。

人は見聞きしたことは忘れます。しかし体験したことはなかなか忘れません。たとえば私の研修や講座に参加する方も、翌日になれば私が伝えたことやテキストに書かれていたことはほとんど忘れています。しかし、やったワークの印象や自ら発言した内容は、実によく覚えている。

だから私は、あなたに生身の人間の物語を追体験していただくことで、ちゃんと考えるとは何をすることなのかを、脳と心に深く浸透させていただきたいのです。

未来のことを少しだけ。

たとえばあなたがビジネスパーソンなら、これからも「正解のない問い」に日々直面することでしょう。どうすれば会社の業績が上がるか。どうすれば自分のモチベーションが上がるか。Googleで検索しても正解は見つかりません。

あなたが学生なら、これから「正解のない問い」の答えを考えなければならない場面が必ずあります。就活どうしよう。アルバイトは何をやるか。自分の強みは何か。大学のキャリアセンターに駆け込んでも、正解は教えてくれません。

そんな世界でおそらく100年生きる人に必要なことは、「正解のない問い」に対する向き合い方です。逃げずに向き合い、自分で答えをつくり、そしてその答えを信じて勝負する。もちろん私も、それをし続けるひとりです。

この物語は、あなたの物語です。この先、あなたの人生にもこの物語と同じような局面がきっとあります。「ちゃんと考える」とは何をすることなのか。「正解」のない問いにどうやって答えを出すのか。主人公は、あなたです。

2020年9月　深沢真太郎

主な登場人物紹介

夏目アヤ（なつめ・あや）

蘭和《らんわ》女学院高校3年生。女子サッカー日本代表「なでしこジャパン」に憧れてサッカーを始める。3年生になり女子サッカー部のキャプテンに就任。

川口奈々（かわぐち・なな）

ソフトボール部でエースピッチャーを務めていたが、肩を怪我したためにサッカー部へ転部。高身長（170㎝）がコンプレックス。

後藤絵美（ごとう・えみ）

バレーボール部でセッターを目指すが、レギュラーになれずにサッカー部へ転部。学業は優秀で数学が得意。サッカーをするのは高校までと決めている。

大山里佳子（おおやま・りかこ）

テニス部で陰湿ないじめを受け、逃げ込むようにサッカー部へ転部。得点を決めるセンターフォワードしかやらないと公言。明るい性格で、チームのムードメーカー。

サンドロ・ヤマシタ

フリーの経営コンサルタント。学生時代は経済学・経営学・数学を学び、現在は企業の人材育成サポートをメインに活動。日系ブラジル人。

夏目慎二（なつめ・しんじ）

アヤの父親。北海道で単身赴任中。勤務する会社の研修でサンドロに出会い、その姿勢と研修の内容に感銘を受ける。娘の成長を想う気持ちから、サンドロに「あるお願い」をする。

夏目悦子（なつめ・えつこ）

アヤの母親。受験で失敗したことや大手企業に就職できなかった経験から、自分の娘にはしっかり勉強してほしいと願っている。

目次

第2章 「わける」とポイントが見える「つなぐ」と答えが出せる

第3章 「考える」の先にある宝物

第1章　考える＝「わける」と「つなぐ」

1　人生が楽しくなかった女子高生

テレビ中継が歓喜の瞬間を伝える。背番号4の熊谷紗希選手がPKを決めた瞬間、夏目アヤはとんでもないことが起こったらしいと察する。

2011年、日本女子サッカー代表、通称「なでしこジャパン」が、ワールドカップで優勝する快挙を成し遂げた。

部活なんて、将来何の役にも立たない

当時小学２年生だったアヤは、それまでサッカーを観たことがなかった。そのときも、父親の夏目慎二がテレビに夢中になっている様子が不思議で、ただなんとなく隣に座っていただけだ。慎二は学生時代にサッカー部に所属していた。今でも日本代表戦は欠かさず観ている。

若い女性が髪を振り乱しながら必死にボールを追いかけていた。汗びっしょり。鬼のような形相。いったい何が楽しくてこんなスポーツをしているのだろう。アヤはぼんやりとそう思いながら無言で画面を観ていた。

試合はスコア２対２のまま、延長戦でも決着がつかずＰＫ戦にもつれ込んだ。ルールのわからないアヤも、ＰＫの成功と失敗はわかる。とにかくゴールにボールを入れればいいのだ。実況の興奮した声と、隣にいる慎二の緊張した様子から重要な局面だと理解した。

そして熊谷選手が蹴ったボールがゴールネットを揺らす。慎二が絶叫する。そんなに大騒ぎすることなのか。慎二は普段は無口で、感情を表に出すタイプではないのに。

「パパうるさいよ！」

アヤはそう言って部屋を出た。自分の部屋のドアを閉めてもまだ聞こえてくる慎二の絶叫を遮りたくてイヤホンで耳を塞いだ。これがアヤとサッカーとの出会いだった。

それからメディアの「なでしこフィーバー」は凄まじかった。嫌でも女子サッカーという言葉が耳に入ってくる。その波に飲み込まれるように、アヤは少しずつ女子サッカーに興味を持つようになった。同級生の男子たちが校庭で楽しそうにサッカーボールを追いかけているのを見て、自分もボールを蹴ってみたい衝動に駆られた。

でも、その中に入っていく勇気はなかった。アヤは引っ込み思案で臆病で、目立つことを怖がり、先生の言うことにはとりあえず「はい」と答えるタイプだった。周囲からの評価は共通して「口数の少ない大人しい子」。父親の慎二にそっくりだった。

地元名古屋の中学校に入学した後も、部活には所属せず、勉強ばかりの日々。母親の悦子からは「部活なんてやっても将来なんの役にも立たないわよ。でも、勉強だけはしておきなさい」と言われた。慎二より5つ年下の悦子は、感情で物事を語り、好き嫌いがはっきりしているタイプだ。悦子は、自分が受験で失敗したこと、大手企業に就職できなかったことを今でも後悔しているようだった。

変わりたいけど、変われない

受験を経て、アヤは高校へ進学する。悦子の勧めで名古屋にある蘭和《らんわ》女学院という女子校を選んだ。進学校で、大学合格実績も上々だ。悦子は喜んだ。ママ友に自慢しているようで、親孝行をしたのかもしれないとアヤは思った。一方、アヤは父親の慎二とはほとんど会話をしなくなっていた。いちいち話をするのがめんどくさい存在になっていた。反抗期だった。

アヤは、自分を変えるきっかけを探していた。これまでの人生は、正直、楽しくなかった。親や先生の言うことに従い、自分の意見を主張したことはほとんどない。熱狂できる体験もない。本当は変わりたい。でも、そんなきっかけは人生でそう頻繁にやって来ないこともわかっていた。今ここで何かを変えなければ、きっと高校の3年間も、これまでの自分のままだ。

4月7日。アヤは蘭和女学院の入学式を終えた後、グラウンドに立ち寄った。運動部が声を出して練習している。苦しそうに顔を歪める陸上部員。練習そっちのけで座り込んで話しているソフトボール部の2人組。その中に、青いジャージの集団が目に入った。円陣を組んでいる傍《かたわ》らにはサッカーボールが転がっている。なでしこジャパンが優勝した記憶が蘇る。彼女たちのユニフォームも青だった。歓喜の輪の中で顔をくしゃくしゃにして喜ぶ選手たち。口数の少ない父親が絶叫して喜んでいたこと。

アヤは気づいていた。本当は自分もそういう体験をしてみたい。「口数の少ない大人しい子」ではなく、腹の底から大きな声で喜びを表現してみたい。うれしくて仕方なくて、仲間と抱き合って泣くような瞬間を味わってみたい。

「ずっとなでしこに憧れていた」。サッカー部の円陣を見つめながら、アヤは心の中でそうつぶやいた。長い髪が風で泳ぎ、少し遅れて桜の花びらが目の前を横切った。

自分の心に正直になると、人生が動き出す

「わたし、部活やるから」

その日の夕方、悦子にそう告げた。悦子の第一声は、「は?」だった。サッカー部であることを伝えると、しばらく絶句する。

「……脚、太くなるわよ」

悦子らしい言葉が返ってくる。でも、意外にもその一言だけだった。賛成も反対もし

なかった。慎二にも伝えておこうと、帰宅を待って話しかける。かつてサッカー部だった慎二。なにか言うだろうと思った。

「わたし、サッカー部に入るから」

「……サッカー？」

「うん」

「……」

慎二は黙っている。片手でネクタイを緩め、腕時計を外す。アヤは言葉を待つ。しかし、慎二は黙ったままだ。

「ねえ、聞いてるの？」

「……ああ。がんばれよ」

慎二はバスルームに向かった。アヤは「それだけかよ」とつぶやく。どうせすぐ辞めるとでも思っているのだろうか。それとも興味がないだけか。母親も父親も、もう少しリアクションがあると期待していたアヤは肩透かしをくらった気分になる。

次の瞬間、ふと違う考えが浮かんだ。もしかしたら、悦子も慎二も気づいていたのかもしれない。変わりたくて何かを探している娘の心に。実際、それはそうだった。誰よりも娘を気にかけ、誰よりも近くで見てきた親が、気づいていないわけがなかった。

アヤは自分の部屋に戻り、スマホでYouTubeを立ち上げる。熊谷選手が最後のＰＫを蹴る映像がお気に入りになっていた。何度も何度も観た映像。抱き合うなでしこたち。化粧もしていない、ちっともかわいくないユニフォーム姿の日本の女性たち。トロフィーを掲げるその姿が、アヤには眩しく映って仕方がない。

明日、さっそくサッカー部の練習を見学してみよう。いや、すぐにでも練習に参加したい。練習着はどんなのがいい？　シューズは？　髪型は今のままでいいの？　先輩たちに聞きたいことがたくさんある。アヤはスマホのメモ帳に質問リストを作り始めた。

2 1回も勝てないサッカー部

2年後。アヤは変わっていた。言いたいことをはっきり言うようになった。明るいキャラクター。チームのムードメーカー。3年生になってチームのキャプテンを任された。長い髪もバッサリ切り、ショートボブで2年間を過ごした。「蘭和女子サッカー部の本田翼」を自称して仲間を呆れさせている。

学業の手は抜かなかった。悦子から「部活のせいで勉強しなくなったんじゃない？」と言われるのは絶対に嫌だったからだ。大学にも進学するつもりでいるが、大きな問題がある。数学が絶望的に苦手なことだ。その点もふまえて受験をどうするか考えていた。

そんな17歳のアヤにとって最も大きな悩みは、学業や受験でも恋愛でもなく、サッカー部のことだった。蘭和女学院のサッカー部は、創部以来一度も対外試合で勝ったことがない。マンガやテレビドラマにあるような、絵に描いたような弱小チームだった。

誰も「勝ちたい」と思っていない

部員は全部で15名。そのうち3年生はアヤを含めて8名。自分がキャプテンのこの年に1勝もできなければ、負ける経験だけ積み重ねて引退することになる。10年後に笑い話になるネタだとしても、今のアヤにとってはどうしても避けたいことだった。

弱小チームであることには理由がある。まず、ほとんどの部員が他の運動部から何らかの理由で転部してきた生徒であることだ。

バレーボール部でレギュラーになれなかった後藤絵美。

怪我をしてソフトボール部を辞めざるを得なくなった川口奈々。

陰湿なイジメに耐えきれずにテニス部を飛び出してきた大山里佳子。


そもそもサッカーなんてやりたくない。でも、なんとなくつながっていられる友達は作っておきたい。厳しい練習をするのはイヤ。そんなモチベーションの部員がほとんどだった。だからキャプテンのアヤは、ある意味で浮いた存在だった。何度か部員に言われたことがある。


「アヤ、そんな一生懸命やって、なんの意味があるの？」

「とりあえず楽しくやろうよ」

「あんまり日焼けしたくないんだよね」

「脚が太くなりそうだから、あまりボールを蹴りたくない」


たかが高校の部活。おそらく、卒業してからサッカーを続ける子はいない。もっと大事なことがたくさんあるから。その通りだと思う。でも、アヤは、どうしてもあのなでしこ達の笑顔が脳裏から離れない。一度でいい。あんな瞬間を味わってみたい。ひとりで黙々と受験勉強して合格を勝ち取ることもきっとうれしいだろう。でも、チームでの勝利の喜びは、それとは何かが違う気がする。

加えて、弱小チームである深刻な理由がもうひとつある。**指導者がいない**のだ。形式上、顧問の先生はいるが、サッカーの指導は一切しない。プロの試合を見て勉強しているアヤも、チームを強くする術は知らない。事実上、蘭和女学院のサッカー部は、定期的に集まり練習の建前でおしゃべりして浅い人間関係を維持する「装置」になっていた。

ある夜、父親の慎二がサッカー部だったことをふと思い出した。この2年、慎二は仕事が忙しく、アヤが高校に入学してすぐに単身赴任で仕事の拠点を北海道に移していた。ますます会話する機会も減り、アヤの中で「父親」の存在そのものが薄れていた。慎二のサッカー部は強豪だったのか弱小だったのか。練習は何をしたのか。監督はどんな人だったか。もしかしたらヒントがあるかもしれない。なぜ今までそれに気づかなかったのだろう。

アヤは思い切って慎二に電話をしてみた。やけに緊張する。慎二と話をすること自体が久しぶりだった。

才能がないなら、考えるしかない

電話越しの慎二の声は、どこか疲れているように聞こえた。近況報告もそこそこに、アヤはさっそく本題を切り出した。


「……珍しいな。俺の学生時代のことを聞くなんて」

「そうだね」

「俺のいたサッカー部は強豪校だった」

「へえ」


慎二は当時のことを丁寧に話してくれた。センスがなくて、結局レギュラーにはなれなかったこと。でも3年間続けたこと。想いを寄せていた女子マネージャーに告白したが、あっさりフラれたこと。理由は、すでにキャプテンと付き合っていたからだったこと。

「うわ、よくあるやつ」

「そうだな」

慎二が少し笑ったのがわかった。アヤが次の言葉に詰まっていると、慎二のほうから尋ねてきた。

「アヤ、おまえ、なぜ突然サッカー部に入ったんだ？」

「え？」

「何か、ほしいものがあったからじゃないか？」

「……」

「満たされていない何かがあるんじゃないのか？」

その言葉がスイッチになって、アヤは堰を切ったように話し始めた。慎二はそれを無言でただ聞いた。アヤの言葉は止まらない。気づくと手に汗をかいていた。10分もひとりでずっと話していた。そんなことは初めてだった。


「俺がサッカー部に入った理由、3年間続けた理由はな」

「うん」

「入部を迷ったとき、当時の監督が言った言葉なんだ」

「どんな?」

「『才能のないやつはどうすれば勝てるか。考えることだ。それが唯一の方法だ』」

「……」

「まあでも、結局はレギュラーになれなかったけどな」


アヤにはいまいちピンとこなかった。しかし慎二は「大人になって、この言葉が、サッカーだけでなくどんなことでも当てはまることだと知った」と言った。

「アヤ」

「何？」

「ある人に、アヤの連絡先を教えてもいいか。30歳くらいの男性で、信頼できる人だ」

「え？　どういうこと？」

「おまえが欲しいものを手にするためのヒントを知っている人だ」

「意味わかんないんだけど」

「とにかくその人と会ってみるといい」

「なんていう人？」

「サンドロ・ヤマシタさんだ」

「サンドロ？」

「日系ブラジル人だ。信頼できる人物だから安心しろ」

3 「論理思考」のシンプルな本質

サンドロ・ヤマシタという人物からアヤに電話があったのは、その2日後の夜だった。慎二の言葉を信じ、言われるまま会ってみることにした。「先に入って待っています」と言われ、約束の時間に指定された駅前のカフェに向かった。

女子高生のアヤにとって、男性とふたりで会うのはとても緊張することだった。しかも30歳の大人だ。同学年の男子とファミレスでくだらない話をするのとはワケが違う。どんな人なのか。会ったところで何を話せばいいのか。緊張がピークに達したころ、約束のカフェに着いた。

中に入ると、立ち上がってこちらに手を振る男性の姿が目に入った。制服姿のアヤにすぐに気づいたようだ。褐色の肌にヒゲを蓄えた長身の男。仕立てのいいネイビーのジャケットにグレーのスラックス。ほとんどシワがない白いＹシャツ。一目で「普通のおっさん」ではないと感じた。


「やあ、こちらへどうぞ」

「あ……はい。どうも」

「サンドロ・ヤマシタです。よろしく」

「はい、よろしくお願いします」


爽やかな笑顔とともにアヤに手を差し出す。アヤは握るというより触れる程度に応じ、座ってオレンジジュースを注文する。アヤは何をどうしたらよいかわからず、とりあえず水を喉に流し込んだ。

「お父さんからいろいろ聞きました。サッカー部のこと」

「あ、はい……」

「少し私のことを話してもいいでしょうか?」


とても丁寧な言葉遣いをする。日系ブラジル人らしいが、日本語がとても流暢だ。


「僕は幼少の頃から日本で生活しています。見た目はブラジル人っぽいですけど、ほとんど日本人だと思っていただいていいです」

「あ、はい」

「学生時代は経済学・経営学・数学などを学びました。卒業後は経営コンサルティング会社に就職し、いろんな企業や人材育成のお手伝いをしました。3年前に独立して、いまはフリーの経営コンサルタントです。経営コンサルタントという仕事は、簡単にいえば会社の経営をお手伝いすること。社長さんに会って、その会社の課題を解決するアイデアを出したりしています。ここまでで何かご質問はありますか?」

「……あ、いえ。大丈夫です」

アヤは運ばれてきたオレンジジュースに口をつけた。それを見てサンドロもコーヒーをひとくちすする。

サッカーとビジネスの2つの共通点

「ブラジルって、サッカー大国なんです。知っていますか？」

「はい、もちろん」

「好きな選手はいますか？　男子でも女子でも」

「ネイマール」

「ミーハーですね」

サンドロの笑顔を見て、アヤはようやく気分が落ち着いてきた。

「サッカーとビジネスには共通点が2つあります」

「え？」

「ひとつは〝成功〟という概念があること。サッカーでいえば試合に勝つこと。ビジネスでいえば経営がうまくいくこと」

「……」

「もうひとつは、センスのない人が勝つ方法は〝ちゃんと考える〟しかないこと」


アヤは父が電話で言っていたことを思い出した。同じことを言っている。そしてアヤは察した。父もサンドロも、もしお前がサッカーで勝ちたいと本気で思っているなら、〝ちゃんと考える〟をしなさい、と言いたいのだろう。


「サッカーに限らず、プロスポーツの世界で言われていることですが、知性なきアスリートは勝てない」

「知性なきアスリートは勝てない？」

「よほど類稀《たぐいまれ》な才能を持った人を除けば、〝ちゃんと考える〟をしないアスリートは勝てない時代になった。気合いや根性だけで勝つことができない世界なんです」

「なんとなく、そうなんだろうなとは思います」

「アヤさんのチームは、才能を持った人の集団ですか？」

もちろん答えは「ＮＯ」だった。サンドロが何を言いたいのかはもうよくわかった。で、どうしろと言うのか？　この人が何かしてくれるのだろうか？

「ちゃんと考える」の正体

「あの……ひとつ質問があるんですけど」

「どうぞ」

「その〝ちゃんと考える〟って、どうすればできるんですか？　学校で授業を受けているときも私は考えているし、部活をしているときも自分なりにいろいろ考えているつもりです。それではダメってことですか？」

サンドロはアヤを見たまま、表情をまったく崩さない。頭の中をすべて見られているような気がする。

「アヤさん、時間、あとどのくらい大丈夫ですか？」

「え、あと30分くらいは」

「ＯＫ。じゃあ簡単に説明しましょう。結論から言います」

「……」

「ちゃんと考えるとは、たった２つの行為をするだけです」

「？」

「その２つの行為とは、〝**わける**〟と〝**つなぐ**〟です。それさえすれば、アヤさんも〝ちゃんと考える〟ができます。それはすなわち、今のサッカー部を勝たせる可能性が飛躍的に高まることを意味します」

4 「数学が嫌いになった理由」を考える

アヤにはサンドロが何を言っているのかさっぱり理解できない。そのことを素直に伝えると、サンドロはその反応を待っていたかのようにメモ帳を取り出して何かを書き始めた。

ちゃんと考える＝わける＋つなぐ

「数学的な表現をするなら、こうなります」

サンドロはそう言った。アヤはそのメモを見つめる。もちろん「＝」と「＋」の意味はわかる。でもこれが「ちゃんと考える」ということをどう説明しているのか、さっぱりわからない。

「あの……」
「こういうとき、具体例がほしくなるでしょう?」

まさにそうだった。抽象的でイメージが湧かない。具体的にどういうことを示すのかを例で説明してほしい。本当に私の頭の中が見えているのではないかとアヤは思った。

「アヤさん、苦手な教科はありますか?」
「数学です」

即答するアヤ。「私とは真逆ですね」とサンドロはまた笑う。嫌味ではなく、純粋に会話を楽しんでいるのだろうとアヤは感じた。

「じゃあそれをテーマにしましょう。なぜアヤさんは数学が苦手なのか。ここで〝ちゃんと考える〟をしてみましょう」

「思ったことを言っていいですか」

「どうぞ」

「あまり楽しそうだと思えないんですけど」

「そうかもしれません。でも、アヤさんはこれから受験が待っているでしょう？　数学がなぜ苦手なのか。もし克服するとしたらどうすればいいのか、このタイミングで考えてみるのも悪くないんじゃないですか？」

サンドロの言うとおりだった。アヤが大学受験をするにあたって、極度の数学嫌いが大問題であることは間違いない。そもそもなぜ自分は数学が苦手になったのか。そして今後どうすることがベストなのか。今考えてみることに価値はあるかもしれない。

「……まあ、いいですよ」

「OK。じゃあやってみよう。私も手伝います」

それは、いくつの要素にわけられるか？

「1つの質問から始めましょう。なぜアヤさんは数学が苦手なんですか？」

その問いに、アヤは自分なりに考えてみようとする。しかし、パッと答えが出てこない。頭の中がぐるぐるしている。整理されずにごちゃごちゃしているイメージだ。**「気づいたら苦手になっていた」としか言いようがない。苦手なものは苦手なんだ。「なぜ？」と言われてもわからない。**アヤは眉間にシワを寄せ、口を尖らせている。

「まずは思ったことを言ってみて」

「考えてみたんですけど、わかりません」

「わからない？」

「答えが出てこない、っていう感じです」

「なるほど。質問を変えます。**数学を勉強するという行為は何でできていますか？**」

「は？」

アヤは思わず素っ頓狂な声を出した。

「あの、もう一度お願いします」

「数学を勉強するという行為は、何でできていますか？」

「何で、できているか？」

「そうです。たとえばいま目の前にあるオレンジジュース。仮に果汁100％だとします。さて、そのジュースは何でできていますか？」

「何か引っ掛け問題ですか？」

「違います。素直に。シンプルに」

「オレンジでできています」

「正解」

アヤは困惑していた。こんな会話がいったい何のヒントになると言うのか。


「アヤさん、食べ物は何が好きですか？」

「すいません、話にまったくついていけない……」

「大丈夫。好きな食べ物は？」

「お寿司」

「いいですね。私も大好きです。では、いいお寿司屋さんは何でできていますか？」

「いいお寿司屋さんが、ですか？」

「いいお寿司屋さんを構成する要素です」

「新鮮なネタを揃えている……とかそういうことですか？」

「そうそう！　他には？」

「いいお米とお酢。あとは腕のいい職人さん」

「その調子！　他には？」

「他には……雰囲気がいい、とか」

「素晴らしい！」

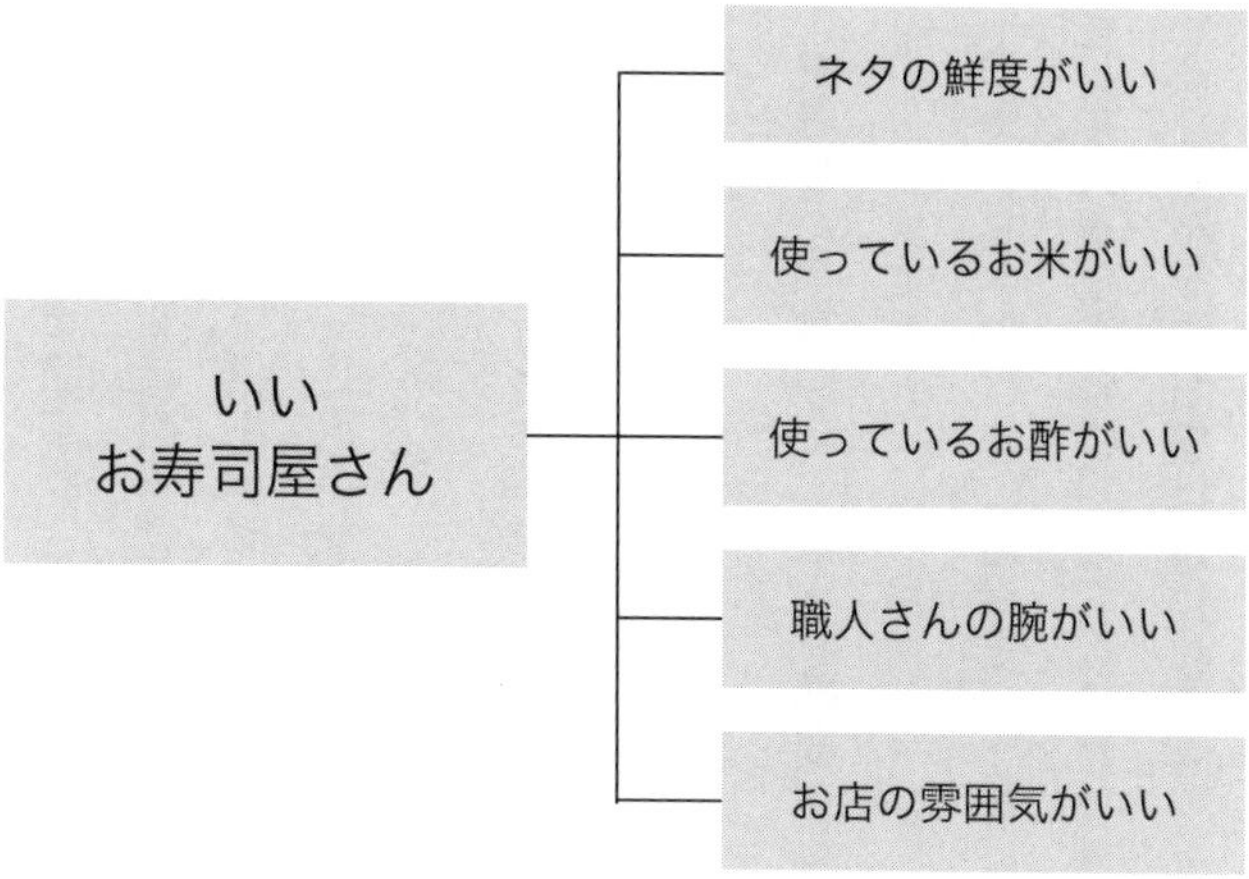

サンドロはアヤの言った要素をメモ帳に書き出していた。

「アヤさんはいま、いいお寿司屋さんを構成する要素を列挙してくれました。一旦ここまでにするなら、いいお寿司屋さんはこの5つで構成されていることになります」

「はあ」

「では、いまの感覚が頭に残っているうちに、さっきの問いに戻りますよ。数学を勉強するという行為は、何でできていますか？」

不思議なことに、最初にその問いをされ

たときの戸惑いがない。

「えっと、まずは教科書。そして教える先生、かな」

「いいですね。いまアヤさんは**数学を勉強するという行為を2つの要素にわけた**ことになります」

「わけた」

「そう。その行為は何で成り立っているかを整理したとも言える。大きくわければ2つある。教科書、つまり内容。そして先生、つまり学ぶ環境」

納得した。確かに、数学を勉強するときに必要なものはこの2つだ。

「じゃあもう少し先に進みましょう。この2つのうち、アヤさんを数学嫌いにした要因として大きなものは、どちらでしょう?」

「え、そんなこと急に言われても」

「少し時間をかけてもいいです」

「そうですね……最初は苦手じゃなかったんです。中学校1年生くらいまでは大丈夫だったはず。でもそこから苦手になったんですよね。急に難しくなったというか」

「……」

「いま思えば、中2のときの先生の教え方がよくわからなかったんですよね。早口で、板書も汚くて、何言っているかわからないし。間違えるとすぐ怒るし」

サンドロは黙って聞いている。アヤが自分で答えを出すまで、待っている。

「あと、他のクラスの同級生で仲のいい子がいたんです。私と同じくらいの学力だったけど、その子は数学が苦手にはなっていなかったんですよね。同じ教科書で勉強していたはずなのに。ってことは、やっぱり教える先生が……」

「答えが出たようですね」

サンドロの声を聞いてアヤは我に返った。集中していた。目の前にサンドロがいたことを忘れていた自分に驚いた。この感じはなんだろう。

問題から結論までを「↓」でつなぐ

「私が数学が嫌いになってしまったのは、おそらく、中学校時代の数学の先生との相性がよくなかったからだと思います」

「もっとはっきり言っていいですよ」

「中2のときの先生のせい」

2人は声を出して笑った。サンドロは、メモ帳に何かを描き始める。

「いまアヤさんがした一連の行為は、おそらくこういうことだと思います」

【なぜ数学が苦手になってしまったのか？】

「数学の勉強」を構成する要素は大きく2つある

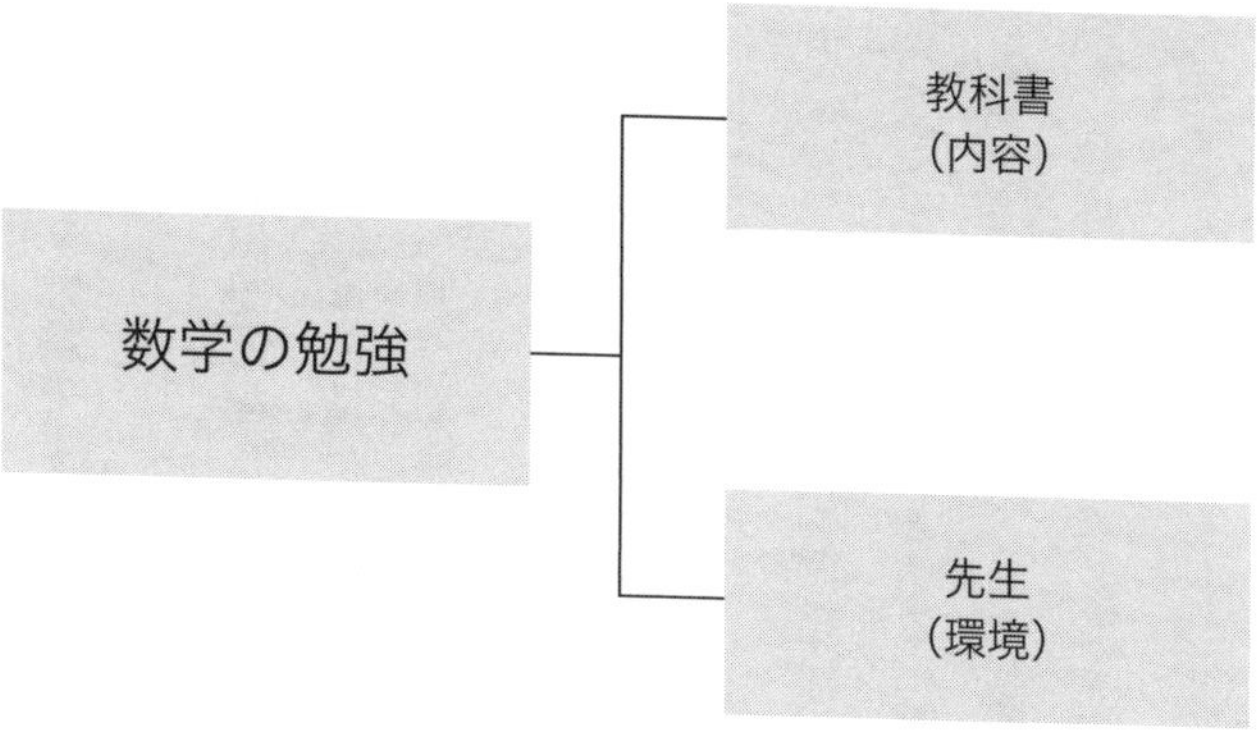

← 教科書は同じでも、人によって苦手意識が生まれる

← おそらく、それは教えてもらった先生の違い

← ゆえに、中2のときの先生が原因

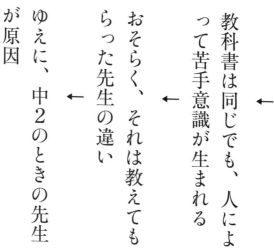

「まず、数学を勉強するという行為は何でできているかを把握した。大きく2つあった。これは、つまり**分類**です」

「はい」

「続いて過去の記憶から、中2の先生が原因だろうと結論づけた。筋の通った理由で。筋の通ったというのは、**矢印でつなげられる状態**のことです。道筋を作ること。アヤさんは、この道を通って結論にたどり着いた」

「矢印、ですか？」

「アヤさんは嫌いかもしれないけど、数学には証明問題というものがありますよね」

「あ、はい。嫌いです」

「正直でいい。実は、証明問題は、スタートからゴールまでを矢印でつなげていく行為を練習するためのものでもある。**考え始めた地点から結論までの道を作る練習**。2つにわけた。矢印でつないだ。アヤさんがしたことは、そういうことです」

「だから、〝わける〟と〝つなぐ〟なんですか？」

「そう」

アヤは、最初「なぜ数学が苦手なんだろうか?」という問いに対して、何から考え始めればいいかわからなかった。しかし、サンドロの案内通りに進めると、結論っぽいものが、こんなに短時間で出てきた。これが「ちゃんと考える」なのだろうか。


「あの、いいですか」

「はい。どうぞ」

「……で、これがいったい何だと言うのでしょうか?」


こんな頭の体操のようなことをしたところで、サッカー部に何の関係があるのか。関係ないなら、さっさと帰って、学校で出された課題を片付けたい。


「アヤさんは、いまのサッカー部で勝ちたいですか?」

「はい」

「そのために、キャプテンとして、どうしたらいいと思いますか?」

「わかりません。だから悩んでいるんじゃないですか」

「私の意見はこうです。ちゃんと考える集団になること。ちゃんと考えて練習し、ちゃんと考えて動けるチームになることです。今からサッカーの技術を劇的に向上させることは無理でしょう。もともと才能のない人たちに、才能を植え付けるなんて無理です。ならば答えは1つしかない。いかがでしょうか」

確かに、そうだと思った。

「でも、そんなこと私にできるはずないじゃありませんか」
「できます。先ほどアヤさんはこの場で〝ちゃんと考える〟ができたじゃないですか」

アヤは机の上に置いてあるメモに目を落とす。数学が嫌いになった原因は中2のときの先生だった。ということは、もしこれから数学で力をつけて受験科目にも入れるとするなら、「誰に教えてもらうか」が重要だということになる。

「どんな参考書を買うか」ではなく「誰の教えを受けるか」に焦点を絞って考え、意思決定し、実際にやる。それが今から数学を克服する唯一の方法だろう。うまくいかなかった何かをうまくいくようにするためには、サンドロの言うようなことが有効なのかもしれないと、アヤの中で腹に落ちる感覚があった。


「お願いがあります」

「なんでしょう？」

「私の〝ちゃんと考える〟を、もう少し手伝っていただけませんか」

「……」

「図々しいこと言っていることはわかっています。女子高生の相手をしている暇なんてないとは思います。でも、」

「そのつもりですよ」

「え？」

「お父さんから、そう頼まれましたから」

「……」

「まったく同じことを、お父さんもおっしゃってました」

「どういうことですか？」

「〝図々しいこと言っていることはわかっています。女子高生の相手をしている暇なんてないとは思います。でも……〟と」

アヤは、ほんの少し胸が熱くなるような気がした。

役割をわけて考える

サンドロは、自分と慎二との関係を説明した。かつて、慎二の勤めている会社の研修講師としてサンドロが招かれた。サンドロが独立してからすぐの仕事で、「思考力」というテーマだった。慎二は、「難易度の高い内容をわかりやすく丁寧に伝え、熱心に質問にも対応し、参加者を敬い応対する姿を見て感銘を受けた」と言った。名刺交換をし、個人的に食事をする関係になった。

そんな折、サンドロのもとに単身赴任中の慎二からメールが届いた。ビジネスとしてではなく「友人として相談に乗ってほしい」と書いてあった。本業の隙間時間で、アヤとサッカー部に可能な範囲でアドバイスをしてもらえないか、と。アヤはその説明を聞いてようやく、今自分がこのカフェにいる意味を理解した。

「そういうことだったんですか」

「もちろん、アヤさんが希望するなら。そして私で合格なら、ですが」

アヤは「お願いします」と告げた。

「……あの、1つだけ質問していいですか？」

「どうぞ」

「サンドロさんは、サッカーにお詳しいんですか？」

「いいえ。まったくの素人です。ごめんなさい」

日系ブラジル人ならサッカーに精通しているかも、と期待したアヤは少し落胆した。いまのチームを強くするには、サッカーに詳しい指導者がいい。サンドロがサッカーを指導できる人物であれば完璧だったが、そんな理想通りにはいかないものだ。

「アヤさん、役割分担をしましょう。私はあくまで〝ちゃんと考える〟のプロフェッショナル。サッカーに関してはアヤさんがプロ。実際に競技をしているプレイヤーですから」

「はい」

「共同作業でチームを強くするんです。スポーツは頭と身体で勝負するものですから」

「わかりました」

「できれば皆さんの練習に顔を出したいと思っています。ミーティングにも参加したい。実際に見ることでわかることがあるかもしれません」

「本当ですか？　ありがとうございます！」

翌日、アヤはさっそく事情を学校の顧問に説明し、サンドロが週に数回は校内に立ち入り、練習を見学することを許可してもらいたいと願い出た。サンドロが男性ということもあって職員会議では難色を示す教師もいたが、最終的には許可が降りた。カフェでの出会いから2か月後のことだった。

その報を受け、さっそくアヤは部員全員を集めたミーティングをすることに決めた。そこでサンドロを紹介し、チームとして「勝つ」ことを目指して頑張る集団に変わることを提案するつもりだ。キャプテンとしての重要な仕事が迫っていた。

5 「勝ちたい」と本気で思ったなら

ある日の練習の後、アヤは部員を教室に集めた。みんな楽しそうにおしゃべりをしながら教室に入ってきたが、サンドロを見て異変を示した。

「え、あの人だれ？」

「なになになになに」

サンドロは苦笑いする。「まあとにかく座って」とアヤが言う。

「えっと、今日はちょっとみんなに聞いてほしいことがあるの」

いつもと様子の違うアヤを見て、部員たちも茶化すのをやめた。日が落ちた教室内の白い蛍光灯。黒板に残っているチョークの痕。数秒間の静寂のあと、黙って下を向いていたアヤがゆっくり顔をあげる。

「あのね、やっぱり、私、試合で勝ちたいのよ。今度の冬の高校選手権予選。私たち3年生にとっては最後の公式戦だよね」

全員黙ってアヤの次の言葉を待っている。

「確かに私たちはサッカー好きの集まりじゃないし、ガチでやるような強豪校でもない。いつもみんなが言うように、たかが高校の部活だし、楽しく、いい友達としてやっていければいいのかもって、そう思って自分を納得させてたときもあった。ママにも『脚が太くなるからやめなさい』とか今でも言われるし」

キャプテンが何を言いたいのか、部員にはなんとなく伝わっていた。

「でも、一度でいいから、みんなと一緒に勝つ経験がしたいの。今まで全部負けてきたでしょ？　練習していないし、当たり前なんだけどさ。でもみんなどこかで思わなかった？　悔しいって。もし試合で勝てたら、めっちゃうれしいんだろうなって。私はそう思ってる」

次の瞬間、里佳子がゆっくり立ち上がった。テニス部でいじめに遭ってサッカー部に転部してきたメンバーだ。外国人のような目鼻立ちにポニーテール。はっきりモノを言う性格がたまにメンバーと衝突を生むこともある。全員の視線が里佳子に集まる。

「アヤがそう思っていることはみんな知ってる。でも、監督もいないし、現実的には無理じゃん。変に期待したり頑張ったりして、それで負けるのはもっと嫌だよ」

「……」

「だったらさ、最初からテキトーにやったほうがいいじゃん」

「里佳子……」

「わかってる。ワタシの言ってること、めっちゃカッコ悪いって。アヤの言ってることのほうが絶対にカッコいいし、きっと正しいって。でもさ」

「勝てればいいんですよね？」

サンドロが割り込んだ。部員の目線が今度はサンドロに一気に移る。

「勝てればいいんですよね？　要するに」

アヤは慌ててサンドロのことを紹介した。経歴、自分の父親との関係、いまここにいる理由、すべて説明した。

「みなさんは進学校の学生さんです。ということは、頭を使うことができるはず。私はそう思っています」

バレーボール部でレギュラーになれなかった絵美がその言葉に反応する。

「頭脳戦で勝とうってことですか？」

「その通り。サッカーの技術は低いとしても、みなさんの強みはそこにあるはず。だったら、そこで勝負してみては？」

「……」

「絵美さんは、バレーボール部で、身長の低さが理由でレギュラーになれなかったんですよね？」

「え、なんでそれを？」

「誰も絵美さんの身体を大きくすることはできない。でも、諦めずに自分で考えて正しい練習をしていれば、技術を向上させることはできたかもしれない。そして、自分なりの勝負の仕方を考えることはできたかもしれない」

今度は、肩を怪我してソフトボール部を辞めてサッカー部に入った奈々が、遠慮がちに質問する。長身がコンプレックスで、スカートが似合わないとよく愚痴をこぼしている部員だ。

「頭の使い方を変えれば強くなるということですか？」

「はい。スポーツでもビジネスでも同じ。成果を出す人は、頭の使い方が上手です」

その流れを利用して、アヤは奈々に、ずっと聞いてみたかった質問をする。

「奈々さ、怪我してソフトできなくなって、すごく悔しくなかった？　サッカー部に来たときは、そんなそぶり見せなかったけど」

「……」

「悔しさが晴れることはないかもしれないけど、せっかくサッカー部で一緒に過ごしてきたんだから。他のみんなも、きっと色々あって、悔しさとか寂しさとか、満たされないものをずっと抱えながらサッカー部にきたんじゃないかな。だから、せめて……」

うまく喋ることができず泣き出したアヤを見て、部員たちは下を向いたままじっとしている。里佳子が再び、鋭い目線をサンドロに向けた。

「ねえ、あなたが勝たせてくれるの？」

「いいえ」

「え？　じゃあ、あなたは何なの？」

「サポートするだけです。サッカーをするのはきみたちでしょう？　勝たせるのは私じゃない。このチームを勝たせるのは、きみたち自身です」

「……わかってるよそんなの」

勝気な里佳子の言葉に笑うサンドロ。涙でボロボロのアヤ。

蘭和女学院サッカー部の「考える練習」が始まった。

第2章

「わける」とポイントが見える「つなぐ」と答えが出せる

6　1日目　〜勝てない理由を考える〜

月曜日の放課後。部員たちは教室に集まった。サンドロが口火を切る。

「今日から金曜日までの5日間。練習はこの教室でやります」

部員たちは困惑する。アヤが「こんなところでどんな練習をするんですか?」と尋ねる。すべての部員がまったく同じことを思っていた。

「使うのは頭だけ。だからユニフォームも着てくる必要はありません」

「ボールを蹴ったり、走ったりは一切しないってことですか？」

「はい。必要ありません」

部員たちがざわつく。「意味わかんないんだけど」「マジで」。意図を説明するよりも練習を始めたほうがいいと判断したサンドロは、黒板に向かって何かを書き始める。

勝てない理由は？

黒板にはそう書かれていた。サンドロは誰かが答えるのを待っている。「え、弱いからでしょ？」と言ったのはムードメーカーの里佳子だ。こういうときに口火を切るのはだいたい里佳子だ。サンドロは「アヤさんはどう思いますか？」と、里佳子ではなくアヤに問うた。

「まあ私もそう思います。でも、それ言っちゃったら話が終わっちゃう気もする」

「だよね」と里佳子が笑う。つられて部員たちも笑う。このサッカー部は、弱いのかもしれないが、気持ちは共有できているチームなのだろう。サンドロはそう思った。

「そうですね。これだけでは、どうすればこのチームが勝てるようになるかわからない。では、この問いに対してどう考えていけば、答えに近づけると思いますか？」

部員たちの笑顔が消え、沈黙が訪れる。サンドロの問いを無視している部員はいない。自分なりに考えようとしている。30秒ほど経ったころ、サンドロはアヤの机の上に置いてある黒く平べったいスマートフォンを見て、たとえ話を思いついた。

「たとえば、このアヤさんのスマートフォンが故障したとしましょう。もし皆さんが技術者だとしたら、どうやって故障の原因を突き止めますか？」

「え？　私のスマホ？」

「そうです。皆さんも考えてみてください。そのスマートフォンを修理するとしたら、何をしますか。皆さんは修理する技術を持っているとして」

「まずフタを開いて、中にある部品を出す、かな」

「そんで、故障の症状でどこが壊れているか探す」

「そこを分解して細かくチェックする、とか？」

部員たちが自由に話し始めた。最後の発言をした元ソフトボール部の奈々に向かってサンドロは拍手した。戸惑う奈々。

「奈々さん。いま、なんて言いましたか？」

「え？　そこを分解して細かくチェックする」

「それです」

「どれよ？」と尋ねたのは奈々ではなく里佳子だ。

「もしアヤさんのスマートフォンが故障したとして、おそらくそのスマートフォンすべてが故障しているわけではありません。どこか一部が故障してしまったために、全体として機能しなくなった。そうは考えられませんか」

黙って聞いている部員たちの姿を見て、サンドロは話を前に進めることにする。

「つまり、スマートフォンの故障という事象の原因は細部にあるはずです。だから、**本体を細かく分解することで原因を特定できる。原因を特定できるから故障は治る**んです。アヤさん、ここまでどうですか?」

「あ、はい。なんかわかった気がします」

「スマホで説明されたらなんかわかったかも」と元バレー部の絵美が手を上げて言う。

「ってことは、私たちが勝てない理由もスマホの故障と同じで、なんか細かい原因があるかもってことですよね。その**理由がざっくりだと原因が特定できないから、もっと細かくわけて考える**ってことですよね」

「絵美さん、その通りです」

「私たちが勝てない理由を分解する、的な」

この高校生たちは、少しナビゲートすれば、要点をつかむ能力がある。サンドロは手応えを感じていた。

できるだけ細かい要素にわける

「ではアヤさん、そろそろ練習を始めましょう」

「？」

「まだ何も始めていません。これからが練習です」

アヤにはサンドロの意図がわからず、しばらく任せることにしようと決めた。サンドロは、自分が黒板に書いた文字を消しながら部員に指示を始める。

「ではみなさん、あらためて、勝てない理由はなんでしょうか？　できるだけ細かい理

由を挙げてください。どんな細かいことでもよいです。とにかくたくさん挙げてくださ
い。アヤさん、皆さんが挙げるものを板書していただけますか?」
「わかりました。みんな、とにかく思いつくものからどんどん言っていこう」

・サッカー経験者がほとんどいない
・"ちゃんと考える"ができていない
・何を練習したらいいかわからない
・経験ある監督がいない
・他の部活と交代でグラウンドを使うので練習があまりできない
・そもそも部員がサッカーを好きじゃない
・ポジションをジャンケンで決めている

・ユニフォームがかわいくない

最後に挙げられた原因を見て、サンドロは面白いと思った。部員たちは「うーん」と唸りながら他の原因はないかと首をかしげたり上を向いたりしている。「もう出てきません！」と絵美からギブアップ宣言が出た。


「ありがとうございます。ところでアヤさん、1つ確認してもいいですか」

「なんですか？」

「ユニフォームがかわいくない、は、このチームが弱い理由になるのでしょうか？」

「やっぱりそこ突っ込みますよね」

「いや、私は女子サッカーを知らないので、確認したいだけです。言い換えれば、ユニフォームがかわいいならチームは強くなる可能性があるのか、ということです」


これを理由としてあげたのは奈々だった。アヤは「奈々、どう？」とパスを出す。

「うーん。制服と同じかなと思って。制服がかわいいかどうかって、私たちにとって超重要じゃん。里佳子もそういうタイプじゃない？」

「マジ重要。かわいくない制服だったら、それ着て外に出るのすらイヤ」

「でしょ。それと同じでさ、やっぱり試合のときのユニフォームがかわいければ気分アガるし、少しはやる気が起きるかなと思って」

サンドロには理解できないが、彼女たちにとっては筋の通っている話なのだろう。サンドロはこの話をとても興味深く聴いていた。

「同じグループ」にわける

「なるほど。ユニフォームがかわいいかどうかはモチベーションに関わるんですね」

「モチベーションって？」

里佳子の問いにサンドロは「物事を行うための動機や意欲になるもの」と端的に答えた。それを聞いたアヤが確認する。

「つまり、〝気持ちの問題〟ってことですか？」

「はい。その表現のほうがしっくりくるかもしれませんね。アヤさん、ここに列挙されている原因のうち、〝気持ちの問題〟に該当するものは他にあるでしょうか？」

「他に？」

「他にもそういうものがあるなら、それらは、同じ〝気持ちの問題〟のグループだと言えますよね」

「そもそも部員がサッカーを好きじゃない、ってのもそうだと思います」

「OKです。では、その2つにマルをつけておいてください」

アヤは言われるがまま2つに「同じグループ」という意味のマルをつけた。サンドロがこの後に何をするよう指示してくるか、少しわかった気がした。

「サンドロさん、次は、別のグループになるものを考えるってことですか?」
「その通りです。皆さんと一緒に考えてみましょう」

部員たちは自由に話し合う。もっとも多く挙がったのはサッカーの技術面だ。そして、技術面の原因は、**「練習」に関することと「環境」に関することの、大きく2種類にわけられるのではないか**という話になった。

具体的には「〝ちゃんと考える〟ができていない」と「何を練習したらいいかわからない」が練習に関すること。「経験者がほとんどいない」と「経験ある監督がいない」と「他の部活と交代でグラウンドを使うので練習があまりできない」は練習のことではなく環境のことだと分類。さらに経験不足という意味では「経験者がほとんどいない」と「経験ある監督がいない」は同じグループに入るのではないか、となった。

ところが「ポジションをジャンケンで決めている」は〝気持ちに関すること〟ではなく、〝練習に関すること〟でもない。ここで煮詰まった。これはいったい何の問題なのだろう。サンドロは、ある問いを部員に投げかけた。

「そもそも、なぜ、ポジションをジャンケンで決めてはいけないのでしょうか？」

「え？　……たしか、最初はみんなゴールキーパーとかディフェンスより、ゴールを決めるフォワードを希望したんです。で、不公平にならないように、試合ごとにジャンケンで好きなポジションをやるようになっちゃったんです」

「なるほど」

「もう典型的な弱小チームですよね」

サンドロはアヤのその言葉には反応せず、もう一度同じ問いをアヤ以外の部員にした。部員たちは「そもそも、なぜ」と聞かれたことも考えたこともほとんどなく、困惑した。

アヤがみんなに言う。

「私たちってそれぞれ違う人間でしょ？　身長も違えば、足の速さも違う。本当は、その人の能力が活かせるポジションにいたほうがいいと思うんだよね」

「適材適所、ということでしょうか」

「はい。今まではチームが勝つことより、できるだけみんなが好きなポジションで試合することを優先してきました。ポジションを決めてくれる監督もいませんでしたし」

「……」

「もしかしたらこれまでの私たちのシステムも変えたほうがいいのかも」

「システム、ですか？」

「サッカーにはシステムがあるんです。GK（ゴールキーパー）以外のDF（ディフェンダー）、MF（ミッドフィルダー）、FW（フォワード）の数はチームで自由に設定できるんです。今までこのチームは、暗黙の了解で【4－4－2】のシステムでした」

【4－4－2】はDFが4名、MFが4名、FWが2名の意味であることを里佳子が補足する。「なるほど」とうなずくサンドロを見て、アヤが続ける。

「でも、このメンバーで〝**試合に勝つためのポジション**〟をちゃんと考えたら、もしかしたらシステムすら変わるのかもしれない」

「なるほど。3つ目のグループができたようですね。〝システムに関すること〟でいいのではないでしょうか。皆さんのポジションが決まることが、すなわちシステムも決まることになるのですよね」

「そうです」

サンドロは白いチョークを持ち、ここまでの議論を黒板で「絵」にした。

必要のないものを「考えない」と決める

黒板に描かれた「絵」は、このチームの勝てない理由を整理したものであり、それを見たアヤには、「爽快感」に似た感覚があった。

「みなさんがここまでしてきたことの正体、わかりますか？」

「え？」

「わけただけ、です。**わけるとは、分類や分解の〝わける〟のこと**」

・「そもそも部員がサッカーを好きじゃない」

・「ユニフォームがかわいくない」

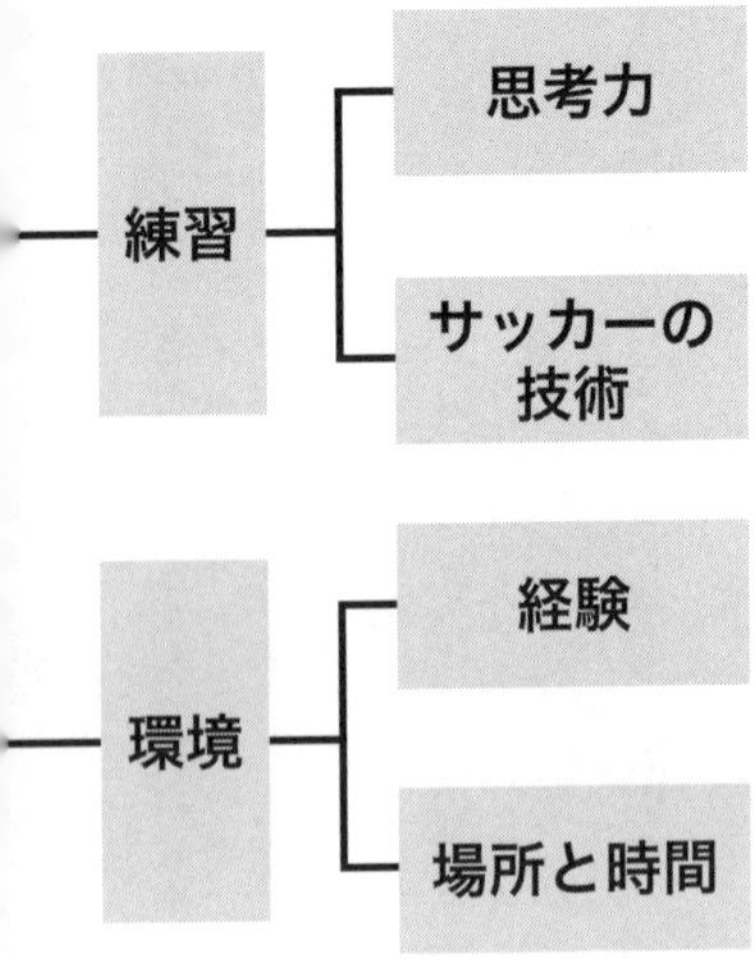

・「自分たちで考えていない」

・「何を練習したらいいかわからない」

・「経験ある監督がいない」

・「経験者がほとんどいない」

・「他の部活と交代でグラウンドを使うので練習があまりできない」

・「ポジションをジャンケンで決めている」

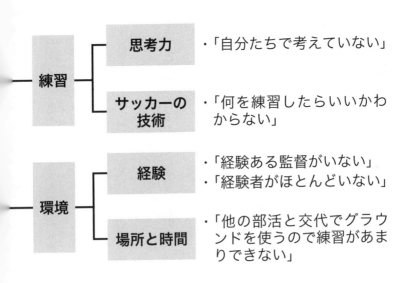

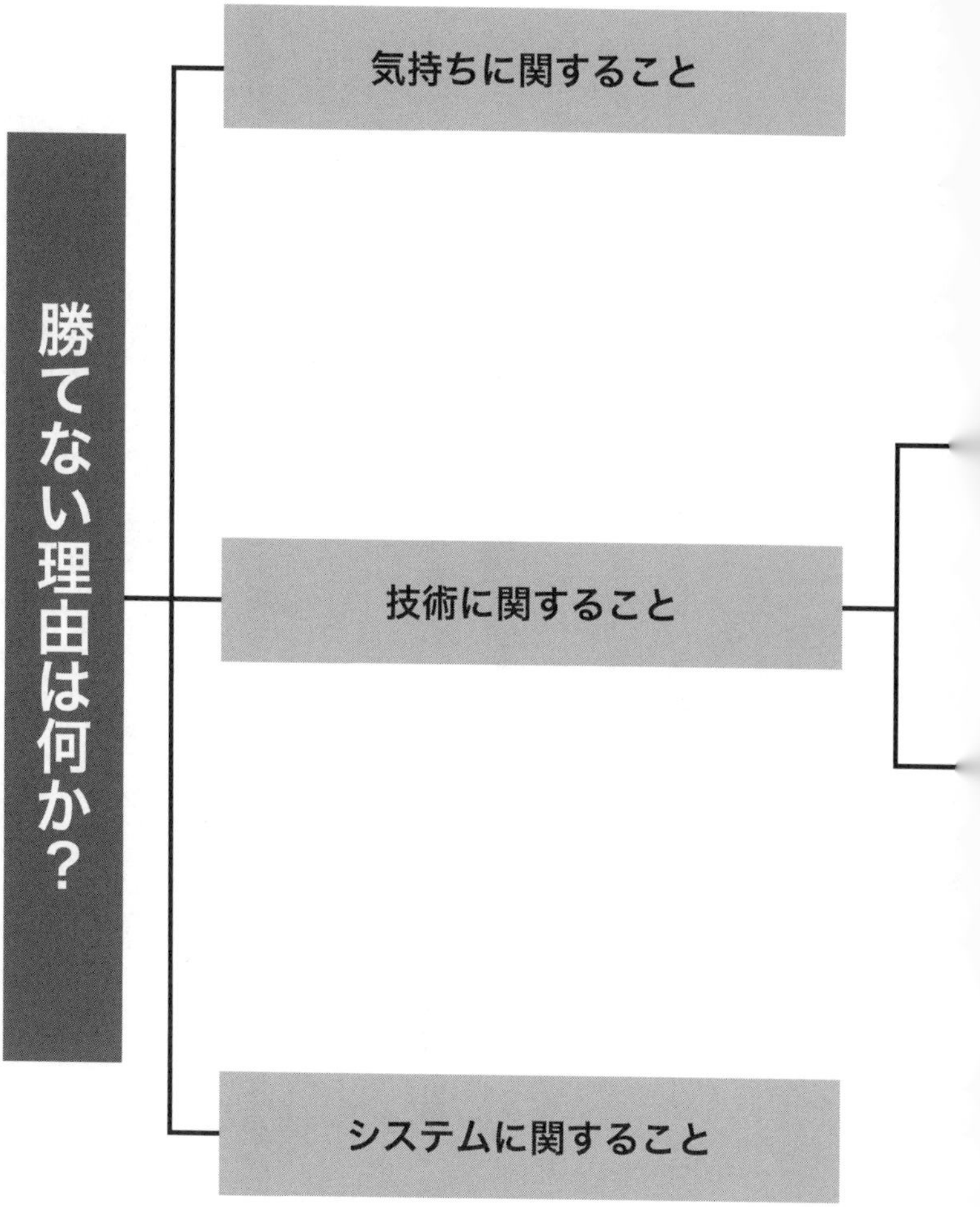
勝てない理由は何か？
気持ちに関すること
技術に関すること
システムに関すること

「勝てない理由を3つにわけた。そして、技術に関することをさらに練習と環境の2つにわけた。そしてさらに練習を2つに、環境も2つにわけた」

「これがサンドロさんの言っていた、細かくわけるってことですか？」

「はい。でも、まだ終わりじゃありません。まだ勝てない理由を整理しただけですから。スマートフォンでいえば、本体を解体して細かい部品をきれいに並べたような状態です。次に、何をするべきだと思いますか？」

「どの部品に手をつけるか考える、みたいな感じですか？」とアヤが質問で返し、サンドロが「そうですね」と答え、ここから先はアヤが進行役を務めるよう、キャプテンを「司会」に任命した。

「えーと、じゃあこの絵のどこを解決するか、みんなで考えてみたいと思います」

「アヤセンセー、かっこいいー！」


サンドロは笑って見ている。

「まず気持ちの問題について。〝そもそも部員がサッカーを好きじゃない〟から考えよう。わたし、今からサッカーを好きになる必要はないんじゃないかって思うんだよね」

キャプテンのその発言は部員には意外だった。チームの中で誰よりもサッカーが好きなのはアヤだ。みんな「サッカーをもっと好きになろう」と部員に要求すると思っていた。そのことを絵美が尋ねると、アヤはひと呼吸おいて答える。

「まあ、そりゃ好きになってくれたら最高だけど、でも、これからの私たちの目的は、今度の選手権予選で1つでもいいから勝つことだよね。だからサッカーを好きでいる必要はないかなって。どう思う絵美?」

「うん。アヤにそう言ってもらえると、正直ちょっとラクかも」

絵美は卒業してサッカーを続けるつもりはなかった。あくまでこのチームで勝つことを経験し、それを思い出にしたい。絵美だけでなく、他の多くの部員も同じ気持ちだった。

「じゃあ次、ユニフォームの話ね」

するとすぐに奈々が「はーい」と手を上げた。ユニフォームがかわいいとやる気が出ると主張した張本人が、意外にも反対のことを言い始めた。

「あんなこと言っておいてなんだけどさ、なでしこジャパンのユニフォームもかわいくないし、この前のワールドカップで優勝したアメリカ代表のユニフォームだってちっともかわいくないいんだよね」

「……私もそう思う」とアヤが笑う。

「まあ、ユニフォームのかわいさで勝敗が決まるってことはないわけで、だから私たちが試合で勝つために重要なことではないかもね」

部員たちの話を聞きながら、サンドロも同じことを考えていた。**すでに、彼女たちは試合で勝ちたいという明確な動機がある。実はもう〝気持ちの問題〟は解決されている**

と言える。今からサッカーを好きになる必要も、ユニフォームを変える必要もない。サンドロは、議論を前に進めるよう促す。

「OKです。じゃあアヤさん、先に進めましょうか」

「あ、はい。えーと、次に技術の問題について」

黒板の「絵」を見ながら、アヤはしばらく考え込む。

「サンドロさん」

「どうされました？」

「この〝技術の問題〟ってなんかややこしそうなので、キャプテンの判断で後回しにしてもいいですか？」

部員が一斉に爆笑する。「おーい！」「キャプテンめんどくさがるな！」「勝ちたくないのか！」といったヤジが飛ぶ。「うっさい！」と切り返すアヤ。彼女たちはこれまでグラウンドでの練習も楽しくおしゃべりをするだけだったのだろう。早く彼女たちのグラウンドでの練習を見てみたいとサンドロは思った。

「このチームはアヤさんがキャプテンです。任せますよ」

「あ、はい。では次に〝システムの問題〟を考えてみたいと思います」

「やりたいこと」と「適していること」は違う

「私は、やっぱりフォワードがいい」

真っ先に里佳子が言った。里佳子はキック力があり、強烈なシュートを持っている。このチームでもっとも「得点の匂い」がする選手だ。だからと言って、そんな短絡的に決めていいのだろうか。アヤは秘めていたアイデアを提案することにした。

「あのさ、これまで自分がやりたいポジションをもとに、ジャンケンで決めてたじゃん？ そうじゃなくて、それぞれの強みを基準にポジションを決めるのはどうかな」

「強み？」

「**自分がやりたいポジションと、能力的に合うポジションは別じゃないか**ってこと。そりゃ誰だって、好きなポジションがいいに決まってる。でも、自分の強みが活かせるポジションでやるほうが、プレイしていて楽しい瞬間も多いんじゃないかって」

「……」

「絵美はさ、バレー部時代、身長が低いっていう理由でセッターだったんでしょ？」

「うん」

「バレーのセッターって、状況を素早く判断して、もっともスパイクが成功できそうな人にトスをあげるポジションだよね？」

「うん」

「絵美は、サッカー部ではいつも人気のないディフェンダーをやってくれてた。それはとても感謝してる。でも、ゴール前のハイボールの競り合いとかは、やっぱり身長が低いことがマイナスに影響することもあったよね」

「そうね」

「絵美はディフェンダーじゃなくて、むしろトップ下とか攻撃的な位置で、相手の場所を察知して動いたり、パス出しするポジションのほうが向いているんじゃないかな」

「……」

「これまで一生懸命やってくれているのに……ごめんね」

絵美は表情を変えずに答えた。

「アヤ、そんなこと考えてたんだ」

「え？」

「そう思ってくれてたなら、早く言ってよ。私は別にどこでもいい。ポジションのこだわりなんてない。どうせサッカーはこれでおしまい。目的は1回だけでいいから勝つこと。だから、いちばん勝ちたいと思って頑張ってきた人の意見を尊重する」

胸が熱くなるアヤ。絵美の最後の言葉は、他の部員にも刺さったようだ。そこからアヤは全員に対して、それぞれの長所と、適するポジションを提案していく。

奈々は、チーム№1の高身長だと言うことからゴールキーパーを任されてきたが、アヤの「ある狙い」を聞き、ワントップのフォワードにポジションを変えることになった。代わりのゴールキーパーは、チームで身長が2番目に高い2年生の紗耶香《さやか》。「試合中、走り回らなくていいので逆にラッキーです」と紗耶香は言った。

そしてアヤは、ずっとフォワード希望だった里佳子をセンターバックに任命した。ずっとゴールを決めることをモチベーションにしていた里佳子の、守備の要となるポジションへの変更に、全員が驚いた。「大きく蹴り出せるキック力と、物怖じせず相手と接触できるフィジカルの強さは、最終ラインでリーダーシップを発揮できるプレイヤーとして最適だから」だとアヤは言った。「あーあ。もう試合でゴール決められないのかよー」と文句を言いながらも、里佳子はアヤの提案を受け容れた。

そして、もともとセンターバックにいたのはアヤだった。なでしこジャパンの熊谷紗希選手と同じポジションだ。最終ラインにいると、フィールド全体が見える。その目が、仲間一人ひとりの特徴や、最適なポジションを考えるための糧になっていた。

アヤはセンターバックを里佳子に任せ、自分はボランチと呼ばれる守備的ミッドフィルダーに入ることになった。現代サッカーではもっとも重要なポジションとされていて、相手の攻撃の芽を摘み取り、同時に自分たちの攻撃の起点にもなる。チームでもっともサッカーを知っているキャプテンがボランチに入ることに、異を唱える部員はいなかった。

こうして部員の新たなポジションが決まり、チームのシステム変更も決まった。

新システムは【5－4－1】。
ゴールキーパーは紗耶香。
最終ラインは里佳子を真ん中に3名。
両翼にサイドバックが1名ずつ。
中盤はボランチにアヤを含め2名。
攻撃的な位置に絵美を含め2名。

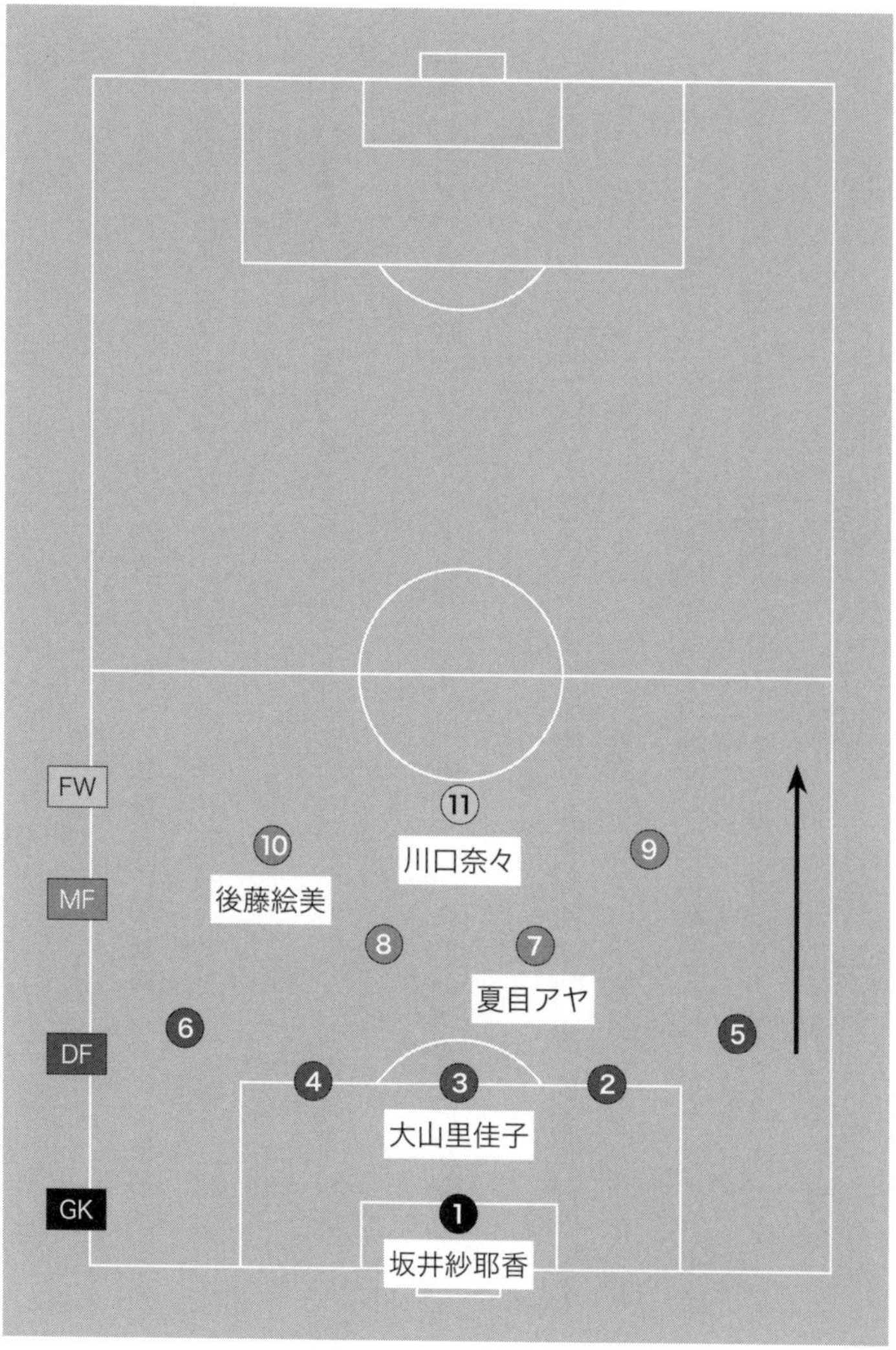
FW
MF
DF
GK
⑪
川口奈々
10
後藤絵美
9
8
7
夏目アヤ
6
5
4
3
2
大山里佳子
1
坂井紗耶香

そして前線はワントップの奈々。

失点しないディフェンス重視の配置にして、手数をかけず前線にボールを運ぶカウンターで得点を狙うシステムだ。

わけると、スッキリする

18時を過ぎ、外は暗くなってきていた。ずっと黙っていたサンドロが口を開く。

「みなさんお疲れ様でした。本日はここまで。明日もまた同じ時間で続きを行います」

「はーい」という部員の返事とともに教室での練習は初日を終えた。アヤはサンドロと最後に教室を出て廊下を歩く。生徒が、すれ違いざまにチラチラと二人を見ている。

「サンドロさん、初日、ありがとうございました」

「いいえ、こちらこそ。感想を聞いてもいいですか？」

「そうですね……。ひとことで言うと、整理できたって感じですかね」

「整理、ですか？」

「はい。ずっと、なんとなく思っていたことがスッキリと整理できたというか。サンドロさんが黒板に書いた絵を見て、そう思ったんですよね」

「そうですか」

「**スッキリさせたいことがあったら、まず〝わける〟をする。**そういうことですか？」

「はい。その認識でいいと思いますよ」

薄暗い校舎の出入り口を通り抜けて、外に出る。サンドロが言う。

「このチームは、いいチームです。そしてアヤさんは、いいリーダーです」

「え？」

サンドロは「やはりあなたはお父さんにそっくりですね」と言いかけて、やめた。

7　2日目

～〝ちゃんと考える〟で本当に勝てるのか～

ボールを使わない教室での練習が2日目に入った。昨日と同じ時間に部員が集まる。昨日はトレーニングウェア姿だった部員も、今日は全員制服姿だ。

納得していない人間は、動けない

「あの、すいません」

奈々がいきなり発言する。「教室でやる練習が、本当にサッカーの試合で勝つことに直結するのか、正直まだ納得できない」という。「大事なことですね」とサンドロは伝える。リップサービスではなかった。まさに、それはとても重要なことだった。

いくら正しいことを伝えても、納得していない人間は、自ら行動を起こせない。「能動的になれない」ということ。部活も勉強も、ビジネスも同じ。納得していない人間は、勝てないのだ。

そこでサンドロは、「部員たちが納得すること」を目的に、2日目の練習をスタートすることにした。そのためのテーマは、昨日の練習で登場した「技術に関すること」だ。昨日、アヤが「めんどくさいから」と議論を後回しにしたテーマでもある。サンドロが自ら口火を切る。

「まず大前提の確認です。みなさんは、サッカーが下手です」

スマホをいじっていた部員たちの手が止まり、「え、超失礼なんだけど」と笑う。でも、昨日に比べて部員たちの表情は柔らかい。どうやら昨日の練習を通して、サンドロを仲間として認め始めたようだ。サンドロが続ける。

「だから、試合に勝つためには、今よりも少しだけスキルアップが必要になると思います。そこで昨日の『技術に関すること』の整理を思い出してほしいんです。アヤさん、そこだけをまた絵にしてもらっていいでしょうか」

「あ、はい」

アヤは昨日の絵を黒板に書き直した。今日は、私たちに何をさせるのだろう。

「質問です。この中で、私たちだけの力で変えることができるのはどこですか?」

サンドロは、自ら答えを言わない。必ず部員たちに考えさせ、部員たちに答えを出させようとする。アヤはそのことに気づいていた。

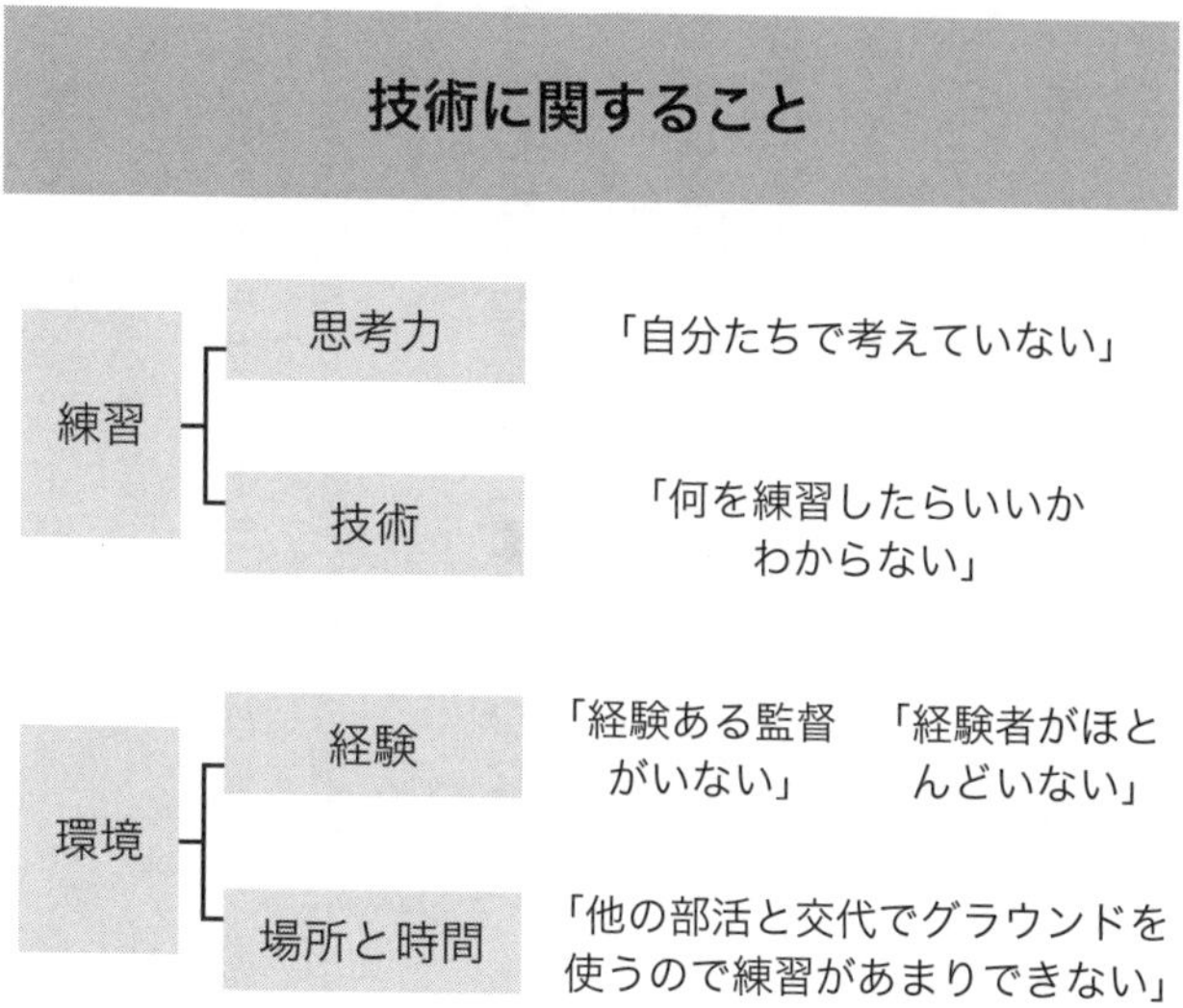

「サンドロさん、まず私の意見から言っていいですか？」

「アヤさん、どうぞ」

「環境は、私たちではどうしようもない気がします」

「どういうことでしょう？」

「他の部活と交代でグラウンドを使うのは仕方ないです。限られたスペースをたくさんの部活が共有してるので。弱小サッカー部ばかりグラウンドを使えるわけもないし」

「なるほど」

「経験ある監督を今から呼ぶのも現実的じゃないし、私たちの経験不足は動かしようのない事実だし」

「つまり、環境面は我々の力で変えることができるものではない、と」
「はい。みんなはどう思う?」

部員たちがうなずく。アヤは板書の下半分の「環境」のテーマに赤いチョークで「×」を描いた。必然的に議論は板書の上半分、つまり「練習」にフォーカスされる。

わけた要素を「↓」でつなぐ

「では、またみなさんに質問です。練習というテーマで、いま2つの課題が黒板に書かれています。自分たちで考えていないこと。そして何を練習したらいいかわからないこと。この2つを、矢印でつなげてみていただきたいんです」

唐突に「矢印」という言葉が登場し、部員たちが戸惑った。「え、意味わかんね」と言ったのは里佳子だ。サンドロが続ける。

「たとえば、好きな人ができたら、告白しますよね？」

「は？　なに、サンドロさん好きな人いるの？」

「どんな人？　芸能人でいうとだれ？」

「写真見せて！」

「てか、サンドロさんって独身？」


サンドロは事例の選択を間違えたと後悔した。

「……いや、たとえば、の話です。好きな人ができたから告白する。普通のことですよね。逆に、告白したから好きになるって、少しおかしいですよね。そういうこともあるかもしれないけど、レアケースですよね」

部員たちがニヤニヤしながら大きくうなずく。思い当たることがあるらしく、事例の選択は失敗ではなかったのかもしれない。サンドロは、黒板の空いているスペースに次の2行を書き込んだ。

○　好きになったから、告白する。（好き↓告白）

×　告白するから、好きになる。（告白↓好き）

「日本語で表現するなら、この矢印は〝だから〟です。里佳子さん、どうかな？」

「うん、わかる。好きだから告白する、でしょ。そりゃ」

「この考え方を使って、先ほどの私の問いを考えてみてほしいんです」

アヤは、サンドロが話を終える前に考え始めていた。なるほど。恋愛の例はわかりやすい。答えはすぐに出た。サンドロに指示される前に、自ら黒板に書き足す。

★「↓」は「だから」の意味

○　自分たちで考えていないから、何を練習していいかわからない
（考えない　↓　練習内容が決まらない）
×　何を練習していいかわからないから、自分たちで考えない
（練習内容が決まらない　↓　考えない）

アヤが「こういうことですか？」とサンドロを見る。サンドロは笑顔で返す。

「ちなみに、あらためてこの絵を見ていて、思ったんですが」

「どうぞ」

「この絵には、もう2つ、上向きの矢印を入れられますよね」

アヤの書き込む矢印に、部員たちの視線が集中する。サンドロは手応えを感じていた。

この練習は、正しく機能し始めた。それまで黙っていた奈々が発言する。

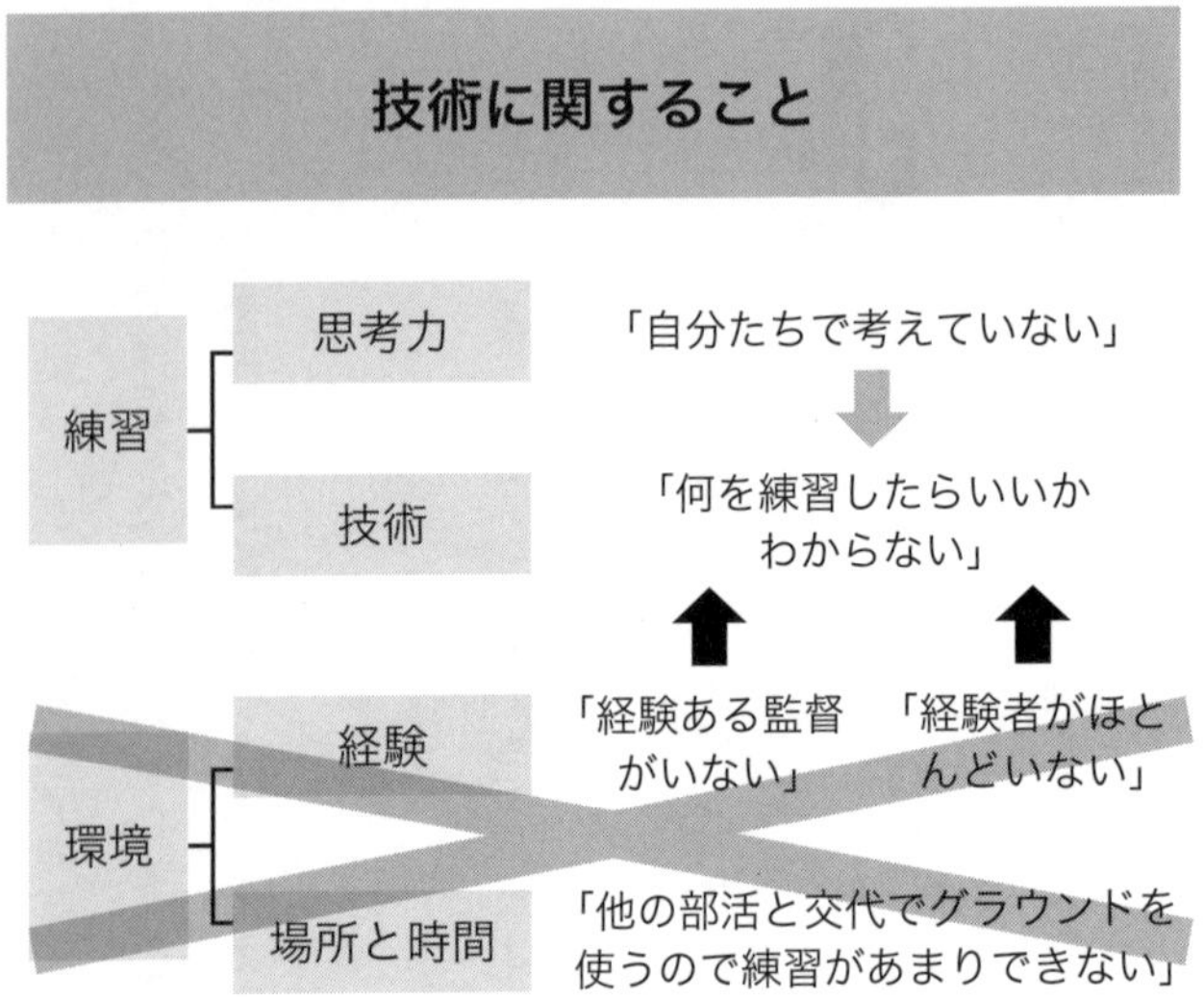

「監督がいないから、何を練習していいかわからない。経験者がほとんどいないから、何を練習していいかわからない。たしかに」

「でしょ？」

「その通り。『だから』の関係にある2つを矢印でつないだのですね。この絵に書き込む矢印として最適だと思います。アヤさん、矢印の種類は、他にもありますよね？」

「矢印の種類？」

「2つのものをつなぐ言葉は『だから』だけではないんです」

「え？」

「皆さん、国語で習った『接続詞』

の種類を挙げてもらえますか」

「↓」とは、「接続詞」である

部員たちがいくつかその場で例を挙げる。「しかし」「でも」「つまり」「したがって」「あるいは」……。そんな彼女たちの答えを、サンドロは笑顔で黒板に書き込む。

A
↓
B

・Aだ。だから、Bだ。
・Aだ。しかし、Bだ。
・Aだ。でも、Bだ。

・Aだ。つまり、Bだ。

・Aだ。したがって、Bだ。

「では奈々さん。どれでもいいので何かひとつ例文が作れますか？」

「えっとー、早く寝た。でも、遅刻した」

「奈々、それ自分じゃん」と里佳子が言う。その里佳子をサンドロは次に指名する。

「蘭和女学院サッカー部は弱い。したがって、練習方法を変えないと勝てない」

「里佳子さん、いいですね。そういうことです」

サンドロは部員たちの答えを黒板に矢印で表現していく。**矢印をつけるのは、異なる2つの要素を、なんらかの関連性でつなぐため。**その関連性とは、高校生なら誰でも知っている接続詞で表現できる。サンドロは矢印だけを使い、考える練習を展開していく。

早く寝る　↓（でも）　↓遅刻する

弱い　↓（したがって）↓練習方法を変える

「では本来のテーマにもどりましょう。奈々さんがおっしゃった『教室で考えるためのトレーニングをすることが、本当に試合に勝つために重要かどうか？』です。私たちはここまでの議論から、どう結論を得ましょう。アヤさんを中心に考えてみてください」

真剣な表情。彼女たちはヒントと入り口さえ提供すれば、自ら動き出す。このチームは必ず強くなるとサンドロは確信する。部員たちのディスカッションが始まった。

書き込んだ矢印の向きから考えて、目的は練習内容を決めることにある。

だけど、それを決めることができない理由が３つある。

しかし、そのうち経験に関するもの２つは、自分たちだけでは解決できない問題だ。

ゆえに、どう考えても、方法は残された1つしかない。

自分たちでちゃんと考え、練習内容を決めるしかない。

今からスキルアップするべきテーマは、思考力。

そのためには、考える練習をしなければならない。

いまこうして教室でその練習をしていることは、チームが勝つために必要である。

さらにいうなら、それ以外に方法はない。


あらためて、全員がそれを納得することができた。サンドロはアヤにある提案をする。


「アヤさん、いまの議論を、黒板に矢印を使って表現してみていただけませんか?」

「え、いまの議論?」

「そうです。今の皆さんの議論の中に、いくつかの矢印があったはずです。どんな矢印を使って結論までたどり着いたのかを教えてください」


アヤは戸惑いつつ、言われるがまま黒板を使ってこの議論を矢印で表現する。意見を出し合い、チームで1つの結論に向かう。それは黒板に「絵」を描くような作業だった。

・何を練習したらよいかわからない理由は3つある
　←（しかし）
・そのうち経験に関する2つの問題は、今このチームでは解決できない
　←（つまり）
・解決できるのは「自分たちで考える」という思考の問題のみ
　←（したがって）
・いまやっているこの練習はとても大事

「エッセレンチ！」

「は？　なにそれ？」

サンドロは大きな拍手で部員たちに賛辞を贈った。エッセレンチ（excelente）は英語の「excellent（エクセレント）」に相当するポルトガル語で、「素晴らしい」の意味だと言う。ポカンとする部員たち。そして、アヤにはまだ納得していないことがあった。

「……あの、思ったことを言ってもいいですか？」

「どうぞ」

「これが、いったい何だと言うのでしょう？」

「これが、ちゃんと考えるときにするもうひとつの行為です」

「……？」

「つなぐ、です。矢印でつなぐこと」

アヤはあらためて黒板の絵を眺める。確かに複数のものが矢印でつながっている。これがちゃんと考えるということなのだろうか。カフェでサンドロと最初に会ったときも、そんな会話をした。まだ納得できない。もう少し説明が欲しい。黙るアヤをサンドロが導く。

「最初がスタート地点。最後が結論、つまりゴールだと思ってください。いまみなさんは、テキトーにこの結論を出したわけではなく、ちゃんと議論して、ちゃんと考えて、このゴールにたどり着いた」

「はい」

「ちゃんと考えたとき、スタート地点からゴールまでハッキリと道ができるんです」

「道？」

「大人たちはこういう状態を、**筋が通っている**とか、**論理的だ**などと言います」

「聞いたことある」

「日本語には『筋道』という言葉があります。文字通り、話や思考などの筋が通って前後がつながるものという解釈が一般的です。出発点からゴールまで、矢印を使って道を通す行為。これが、ちゃんと考えて得た結果です」

「考える」という行為は、誰かの説明を聞いただけでは、自分のものにならない。サンドロは部員たちに「これから実際に練習していく中で、きっと深く納得できる瞬間があるはずです」とだけ伝えた。

すると、頬杖をつき、じっと考えていた絵美が、口を開いた。

「なんかさ」

「絵美、どうしたの？」

「なんかこれ、数学の証明問題に似ている気がする」

「数学？　証明問題？」

部員たちが一斉に絵美を見る。数学？　アヤはハッとした。以前にカフェでサンドロとした会話が蘇る。

「アヤさんは嫌いかもしれないけど、数学には証明問題というものがありますよね」

「あ、はい。嫌いです」

「正直でいい。実は、証明問題は、スタートからゴールまで矢印でつなげていく行為を練習するためのものでもある。考え始めた地点から結論までの道を作る練習」

あのときのアヤにはまだピンとこなかった。あのときのサンドロの笑顔と、いまのサンドロが絵美を見る表情は同じだった。

時計はもうすぐ18時を指す。そろそろこの日の練習も終了。サンドロはアヤに尋ねる。

「ところでアヤさん。みなさんにとって本番となる選手権予選の初戦の対戦相手は、もう決まっているのでしょうか」

「あ、はい。トーナメント形式で、初戦は山手《やまて》が丘《おか》高校です」

「そうですか。その学校は強いんですか？」

「去年、一度だけ対戦したことがあります」

「結果は？」

「0－4でボロ負けでした。強かったです」

「なるほど。ではみなさんに明日までの宿題を1つ出させてください」

「えー宿題ー！　サンちゃん、それは明日のこの時間で考えるんじゃダメ？」

里佳子が声色を高く変えてお願いしてきた。サンちゃんなどと呼ばれたことはいつ以来だろう。不意に、初恋相手がサンドロの頭に蘇る。赤面していたサンドロを里佳子が「かわいい」といじる。サンドロが少しずつ共に戦う仲間になっていく。

「10分でいいから考えてきてほしいんです。テーマは、『蘭和女学院と山手が丘の違いは何か』。もちろんサッカーのことです」

8　3日目
～私たちはどこで勝負するのか？～

「すみません、わたし、今日は早く帰りたいんですけど」

翌日、冒頭で切り出したのは、ポジションがトップ下に変わった絵美だ。夜に家族の予定があるという。サンドロが「わかりました」と応じ、部員たちに問いかける。

「さて、こういうとき私たちは、練習を始める前に何をしたらいいと思いますか？」

部員たちに質問の意図が伝わっていない。サンドロは「今日の練習を早く終えるために、何を決めておけばいいか？」という問いに変換して伝え直す。するとワントップのフォワードを任された奈々が「終わる時間」と答える。

「奈々さん、ありがとうございます。他のみなさんはいかがでしょう？」

「当たり前すぎて間違ってるかもしれませんが……」

「アヤさん、どうぞ。この練習に間違いはありません」

「これができたら今日の練習は終わり、と言うことを決めておく、みたいな感じかと」

「そうですね」

サンドロはやさしく笑い、黒板に何かを書き始める。

目的はなにか？

ポジションがセンターバックになった里佳子が難しい顔をする。このチームは、これまで練習に目的を設定したことはなかった。あえて言えば、ただ集まって日が暮れるまで時間を過ごすことが練習の目的だった。

「本来、練習には必ず目的があるはずです。その目的が達成できたら練習は終わり。そう考えてみたいのです。奈々さん、いかがでしょう?」

「終わる時間を決める、ではダメなんですか?」

「ダメじゃありません。でも終わる時間を決めるだけだと、ただその時間になるだけでゴール、ということになってしまうと思うのです」

「そっか。時間を過ごすことが大事じゃなくて、何かを決めることが大事ってことか」

「そうですね。いかがでしょう?」

「じゃあサンドロさん、今日の練習の目的はなんですか?」

サンドロは黒板にこう追加で書き記す。

練習内容を決めること

「皆さんは来週から通常通りグラウンドで練習することになります。そこで今日はグラウンドでどういう練習をすればいいかを考えて結論を出す。これを目的にしたいと思います。アヤさん、いかがでしょうか？」

「はい。いいと思います」

「では、ここからはアヤさんにお任せします」

サンドロは黒板の前から教室の後ろに移動し、空いている椅子に座った。教壇にはアヤひとりが残り、部員たちはキャプテンからの第一声を待っている。

「じゃあ始めます。奈々が早く帰ることもあるので、今日は目的が達成できたらすぐに練習を終わります。まず、昨日の宿題、みんな考えてきた？」

わけて、つなぐ。わけて、つなぐ。

メンバーは、蘭和女学院と山手が丘の違いについて、思うことを口頭で発表しあった。0－4で完敗した昨年の対戦を経験している2年生、3年生の意見は主にこうだ。

- シュートがうまい
- ドリブルがうまい
- ヘディングがうまい
- トラップ（ボールを止める技術）がうまい
- パス回しがうまい
- 走るスピードが速い
- 終盤でも走れる体力もあった
- 相手のマークを外す動き方がうまい
- 監督がいた

他にはないかとアヤがみんなの顔を見渡す。後方から見守るサンドロの表情を一瞬だけ確認し、アヤは議論を前に進める。

「監督の存在はどうしようもないことだよね。そうなると、やっぱりサッカーの技術的なことになるわけよ。どういう練習をしたらいいんだろう?」

奈々が発言する。


「思ったんだけどさ」

「なに?」

「これって、2つにわけられるよね」

「え、どういうこと?」

「最初の5つはボールを触っているときの技術だと思う。でも走るスピードとか走れる体力とかマークを外す動きとかは、ボールを触っていないときのことだよね」

おもしろい整理だとサンドロは思った。プレイ中のサッカー選手には、ボールを触っているときと触っていないとき、2つの時間がある。里佳子が加わり、奈々と対話を始める。

「ってことは、ボールを使った練習とボールを使わない練習の2種類あるってこと?」

「そうそう。だからその2つのどっちを優先するかを考えてもいいのかも」

「走るスピードとか持久力とかって、監督がいなくてもどうにか練習できるし、レベルアップできる気もすんだよね。でも相手のマークを外すとか、レベル高い気がしない?」

「コーチが教えてくれないとできない、ってこと?」

「そうそう」

2人の対話を聞いてアヤはハッとした。また「わける」という行為が出てきたからだ。自分たちだけでレベルアップできるスキルと、コーチが教えてくれないと上手にならないスキル。その2つに「わけた」ことにほかならない。

しかし、ここからどう考えていったらいいかがわからない。今日の練習でとても大事な局面を迎えている気がして、アヤは助けを求めるようにサンドロを見た。

「アヤさん、2×2はいくつですか?」

教室の後ろに座っているサンドロがそう言った。アヤは思わず「は?」と言った。

「2×2はいくつでしょう?」

「サンちゃん、なに言ってんの?」と里佳子が後ろを見る。アヤはサンドロのメッセージの意味を考える。「4」と答えさせたいわけではないはずだ。ここまでの部員たちの議論と、「2×2=4」に何か共通点があるはずなのだ。サンドロが話しかけてくる。

「練習するテーマは大きく2つにわけられるんでしたよね?」

	自分たちだけでできる	自分たちだけではできない
ボールを触るスキル		・シュート ・ドリブル ・ヘディング ・トラップ ・パス回し
ボールを触らないスキル	・走るスピード ・持久力	・相手のマークを外す

「はい。ボールを触っているときの技術と触っていないときの技術です」

「そして、練習には2種類あるのですよね？」

「そうです。自分たちだけでレベルアップできるスキルと……」

その瞬間、アヤは「2×2＝4」の意味を理解した。2つにわけて、さらに2つにわける。すなわち4つにわける。4つにわけて整理した状態を「絵」にしてスッキリさせよう。サンドロは、きっとそう言いたいのだ。

アヤはチョークを手にし、いま瞬間的

に頭に浮かんだ「絵」を黒板に表現してみることにした。正解かはわからない。でもサンドロはこの練習に「間違い」はないと言っていた。まずは思ったことを表現してみよう。アヤが描いた「絵」は、まるで何かを収納する棚のようなものになった。ゴチャゴチャした状態からスッキリ整理できたような感覚。

部員たちはしばらくその「絵」をじっと眺めていた。絵美が言う。

「空欄になってる『ボールを触るスキルで、自分たちだけでレベルアップできる練習』って、何もないのかな?」

「もちろん練習はできると思う。でも私たちはこれまでもシュート練習とかやってきたじゃん。今後も指導のプロがいない以上、自分たちだけでレベルアップするのは難しいんじゃないかと思ったのよ」

「そっか。たしかにそうかも」

「だから、選手権予選までの短い時間でレベルアップが期待できるのは……」

「走るスピードと、持久力か」

サンドロが議論に加わり、アヤに問いかける。

「サッカーにはセットプレーというものがありますよね。フリーキックやコーナーキック。試合の中で、これは主にチャンスの場面ですよね」

「ええ、まあ」

「素人の意見だと思ってほしいのですが、仮にみなさんのボールを触るスキルがこれから飛躍的に高まることはないとすれば、格上の相手に対して、パスをうまくつないで相手の守備をうまく崩して得点するなんてことは、難しいことのように思うのですが」

「はい。難しいと思います……。みんなはどう思う？」

全員がうなずく。しかし、サッカーは得点しなければ勝てないスポーツだ。たとえ走力をアップさせたとして、それだけで勝てるのか。いかにしてボールを相手ゴールまで運ぶかまで考えて練習内容を決めなければ、今日の議論は目的を達成したことにならない。サンドロは、そのことを素直に部員たちに伝えた。

「サンドロさんの言う通りだと思います。でもいったいどうすれば……」

アヤもそこまで言って言葉に詰まった。沈黙が訪れる。サンドロが再びアヤに問う。

「ここが今日の練習のポイントです。サッカーは得点しなければ勝てない。ではこのチームでもっとも可能性がある得点シーンとは、どんな場面なのでしょう?」

「なるほど。それがセットプレーということですか」

「あくまで素人の仮説です。どう思いますか?」

「たしかにボールを触る技術がない以上、きれいに相手の守備を崩して得点することは不可能です。できるだけ相手ゴール前でファウルをもらい、セットプレーから得点のチャンスを作るしかないように思います」

「そうですか」

「あ、そうだ。みんなは知らないかもしれないけど、2010年の男子サッカーW杯で、日本はベスト16に入ったのね。そのときの監督がさ……」

アヤは当時の日本代表の躍進を説明した。大会前は負けてばかりでほとんど期待されていなかったこと。きれいに相手を崩すサッカーを捨て、自分たちは下手くそで弱いチームであるとを認めたこと。弱いなりの戦い方があると腹を括ったこと。岡田武史という監督が、大会直前で超守備的なシステムに変更し、大勝負に出たこと。大会中に取った得点の半分がセットプレーであったこと。

部員たちはその話を聞き、アヤがイメージしていることを感覚的に理解した。

「ってことは、２つ決めなきゃね」

「奈々、どういうこと？」

「誰がセットプレーのキッカーをするか。もうひとつは、どうやって相手のゴール前でセットプレーのチャンスをもらうか」

奈々の言う通りだ。すべき議論のテーマが決まり、いよいよ今日の練習も終盤を迎えることになる。「まず、キッカーは」とアヤが言い終わる前に「アヤでいいじゃん」と里佳子が言った。

「アヤがいいよ。サッカーをよく知っているし、他のメンバーじゃ今からキックの精度を高めるなんて期待できない。コーナーキック、フリーキック、あとペナルティキック、ぜんぶアヤが蹴るってことでいいんじゃない?」

「え、でもPKはこれまで里佳子が蹴ってたじゃない?」

「そりゃ得点決めたかったからね。でも私はもうセンターバックですから。守備が仕事でございます」

「……わかった。じゃあ私がキッカーね」

残る問題は1つ。どうやって敵陣でセットプレーの機会を得るかだ。コーナーキックにしろフリーキックにしろ、まず大前提として敵陣にボールを運ぶ能力が必要になる。これだけはどうしてもボールを触らざるを得ない。アヤがあらためて自分で描いた「絵」を見つめる。右上に列挙されている5つのスキルをじっと見る。

「思ったんだけどさ、ボールを敵陣に運ぶ方法って、２種類しかないんだね」

部員たちが怪訝な表情を浮かべる。「どういうこと？」と絵美が先を促す。

「ドリブルとパス。どう考えても敵陣にボールを運ぶのはこの２つしかないよね」

「言われてみればそうね」

「でさ、コーナーキックが取れるときって、敵陣のゴールライン近くでドリブルしたときに、相手の足にボールが当たって外に出たときが多いよね」

「うん」

「あとファウルをもらってフリーキックになるときも、ドリブルで相手を抜こうとしたときに、相手が出した足が引っかかってファウルになるケースがほとんどじゃない？」

「パス回してるだけで相手がファウルすることって、ほとんどないね」

「つまり、セットプレーをもらうためには、相手陣内では出来るだけドリブルをたくさんするほうが有効なんじゃないかな」

そこに里佳子が加わる。

「そういえば山手が丘はドリブルよりも、パスを回して攻めてくる感じだったかも。取られた4点は全部、セットプレーじゃなくて流れの中での失点だったし」

アヤにも似た記憶があった。監督の目指すものがパスサッカーなのかもしれない。今年も同じプレイスタイルのチームだとすれば、ドリブルよりもパスの多いチームということになる。

するとサンドロが立ち上がり、前に出てきた。「つまりこういうことかな?」と言いながら、黒板に新しい「絵」を描き始める。

「なんか、さっきアヤが書いたやつと似てる」

		攻めのスタイル	
		ドリブルが多い	パス回しが多い
セットプレー	獲得しやすい	蘭和女学院	
	獲得しにくい		山手が丘

絵美が部員たちを代表してそう言った。アヤも同感だった。２つにわけ、さらに２つにわける。だから計４つにわけられる。整理された印象。サンドロが続ける。

「もし違っていたら言ってください。相手の山手が丘はパス回しが多いチーム。そういうチームは相手選手との接触が少ない。だから、もらうファウルも少ない。つまりセットプレーの獲得も少ない。一方、蘭和女学院はドリブルを多用するチームにすることでファウルをたくさんもらう。つまりセットプレーの獲得が増える。

そこに得点機を見出す」

部員がうなずく。どうやら「納得」まで到達できたようだ。サンドロは結論に向かうよう、アヤにバトンを戻す。

「ではアヤさん、今日のここまでの内容をまた絵にしていただけますか」

「絵、ですか?」

「そうです。昨日もやったように、スタートからゴールまでを矢印でつなげるのです。数学の証明問題と同じです」

アヤは部員たちと相談しながら、昨日と同じように矢印を使って「絵」を描き始めた。

・目的は練習内容を決めること

←（まず）

・練習する技術は大きく4つに分類できる
　←（しかし）
・今から専門家に指導してもらうことは不可能
　←（ゆえに）
・自分たちだけでレベルアップできるスキルの練習をする
　←（つまり）
・「走力」の練習に特化する
　←（しかし）
・走れるだけでは得点できない
　←（そこで）
・どんなボールを触るスキルを高めればいいのか再考する
　←（すると）
・敵陣にボールを運ぶ方法はドリブルとパスの2種類と判明
　←（一方）
・最も得点の可能性が高いのはセットプレーの場面

←（だから）

・出来るだけ敵陣でセットプレーを獲得できるような攻撃をすべき

←（すなわち）

・パスよりもドリブルのほうが有効

←（以上より）

【勝つために必要な練習は以下の３つ】

・スピードアップのための短距離ラン

・持久力アップのための長距離ラン

・敵陣深くまでボールを運ぶためのドリブル練習

サンドロは完成した「絵」を見ながら拍手をした。そして部員たちに問う。

「皆さん、この結論に納得できますか?」

すぐに「はーい!」と小学生のように反応する部員たち。

「私もかつて部活動をしていましたが、走るだけの練習って、決して楽しいものではないと思いますよ。それでもちゃんと練習できますか?」

「はーい!」

「本当ですか?」

里佳子が代表するように答える。

「ただ強くなるために走れって言われたら、絶対イヤだけど」

「だけど?」

「目的はこのチームで1回でいいから勝つ、ってことに納得できてるからね。そのために必要なものだってことも納得できた。だからイヤな感情じゃない。もちろん走る練習は好きではないけど、ちゃんとやろうと思う」

「そうですか。頑張ってください」

「え、サンちゃんも一緒に走ろうよ」

「あ、いや、その……私は結構です」

「逃げないでよ」


サンドロはすっかりこのチームの一員になった。アヤはうれしくなった。こんな人がチームにいてくれたらいいと、ずっと思っていたからだ。


「アヤさん、今日の練習は目的を達成できましたか？」

「はい。走力アップやドリブル練習をどんなメニューにするかは、私が考えておきます」

「頼もしいキャプテンですね」

「いえ、そんな。じゃあみんな、今日はいつもより早いけど練習はこれまで！」

この後に予定があると言っていた絵美は「おつかれー！」とすぐに教室を飛び出し、他の部員たちも楽しそうにおしゃべりしながら教室を出て行った。

勝ちにつながる「もう1つの要素」

アヤは帰宅してすぐに冷蔵庫を開け、冷たい麦茶をグラスに注ぎ一気に飲み干した。空になったグラスを置き、さっきまでの練習の内容を振り返る。里佳子の言葉が印象的だった。**「目的に納得している」**。その目的達成のためにしたほうがいいことだと納得できるから、ちゃんとその練習ができる。サンドロが毎回「納得できますか？」と問う理由がわかった気がする。

「わける」と「つなぐ」だけでいい。サンドロは一貫してそう言う。サンドロが加わった教室での練習は、確かに「わける」と「つなぐ」だけをしているように感じる。

アヤはふと、幼い頃の記憶を思い出す。小学生の頃、家族で温泉旅行に行った。車の長時間移動でヒマだったアヤは、後部座席で父親の慎二が鞄の中に入れていた本をパラパラとめくった。その本は社会人が勉強するための本、いわゆる「ビジネス書」だった。その本の中に、今日の練習で黒板に描いた「2×2＝4」で整理された表のようなものがたくさん載っていた。練習中に、瞬間的に「2×2＝4」の絵が頭に浮かんだのは、あの記憶があったからだと思った。

社会人も、考えるときに「わける」と「つなぐ」をしているのだろうか。いや、サンドロの言葉を借りるなら、わけるとつなぐ「だけ」をしているのだろうか。

「なにボーッとしてんのよ?」

気づくと、母親の悦子が目の前に立っていた。

「あ、いや別に」

「そういえばパパから聞いたわよ。新しいコーチが来ているんでしょ?」

「うん」

「どうなの？」

アヤの大学受験や有名企業への就職ばかりに興味がある悦子は、サッカー部の話を聞きたがらなかった。この母娘がサッカーのことを話題にするのは珍しいことだった。

「まあ、頑張るよ」

「あ、そう」

自分の部屋に戻ろうとするアヤを悦子が呼び止める。わかっている。勉強はちゃんとやるから。アヤはそのセリフを用意して振り返る。

「いつなの？」

「……いつって、何が？」

「試合よ。最後の試合」

「え？」

「最後くらい、応援にいくわよ。一般の人も観れるのよね」

「まあ、観れるけど」

「ママのお友達もたくさん連れて行くから」

「いいよ、そんなことしなくて」

「なんでよ？」

「だって、脚太いし」

「なに言ってんのよあんた」


笑う悦子につられて、アヤも少し笑う。悦子が続ける。

「スポーツのことよくわかんないけど、応援する人が多いほどやる気が出るんじゃないの？　ほら、野球とかサッカーとか、テレビで観るといっぱい応援団がいるじゃない」

その瞬間、アヤはハッとした。もしかしたら私は大事なことを忘れていたのかもしれない。正確にいえば、これまでの「ちゃんと考える」に漏れていたことがある。蘭和女学院サッカー部が勝つために、他にもできることがあるかもしれない。


「そうよ、それよ！」

「え？」

「ママ、ありがと！」


首をかしげる悦子を尻目に、アヤは自分の部屋に戻り、サンドロに電話をかける。


「サンドロさん？　いま大丈夫ですか？」

「ええ。アヤさん、どうしました？」

「明日の練習内容について相談があるんですけど……」

9　4日目　～〝気持ちの問題〟の重要性を再考する～

再び教室に部員たちがそろう。サンドロは昨日と同じように教室の後ろだ。「はーい、じゃあ始めるよ」と言うアヤの声にスマホをいじっていた部員たちの手が止まる。

「まず今日の練習の目的なんだけど、この前みんなで考えた、〝気持ちの問題〟について、もう一度ちゃんと考えてみたいの」

「気持ちの問題って、なんだっけ？」

絵美が聞き返す。アヤは1枚の紙を部員たちに配布した。その紙に描かれていたのは、

気持ちに関すること

「そもそも部員がサッカーを好きじゃない」

「ユニフォームがかわいくない」

「応援してくれる人がいない」

技術に関すること

- 練習
  - 思考力　「自分たちで考えていない」
  - 技術　「何を練習したらいいかわからない」
- 環境
  - 経験　「経験ある監督がいない」「経験者がほとんどいない」
  - 場所と時間　「他の部活と交代でグラウンドを使うので練習があまりできない」

システムに関すること

「ポジションをジャンケンで決めている」

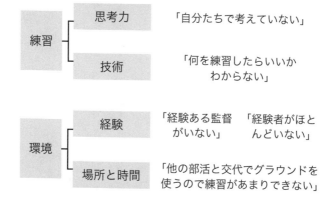

以前この教室の黒板に描いた「絵」と似ていた。一箇所を除いて。


「絵美、これ覚えてる？」

「3日前に黒板に描いたやつでしょ」

「そう。3日前、〝気持ちの問題〟は考えるテーマから外したよね。みんながサッカーを好きになる必要はないし、ユニフォームがかわいいかどうかはサッカーの勝敗には関係ないから。奈々、覚えてる？」

「うん。ユニフォームがかわいくないと気分アガらない問題でしょ」

「そう。そのときはみんなそれで納得したじゃない？　でも、あのとき奈々がとても重要なことを言ってたのかもって、昨日思ったのよ」

「え？」


ポカンとする奈々。すると里佳子が「あれ？　この〝応援してくれる人がいない〟って、前はなかったよね？」と口にする。

「そう。ユニフォームのデザインは重要じゃなくても、私たちの気分がアガるかどうかは重要で、試合の勝敗にも大きく影響するんじゃないかって思ったの。つまり、3日前のあの整理には、1つ漏れがあったんじゃないかって」

人が動くとき、知識やスキルよりも大切なもの

サンドロが口を開く。

「私もそう思います。なでしこジャパンには、サポーターがいますよね。試合会場で応援してくれて、一緒に戦ってくれる人たち。あの人たちの存在って、選手のやる気に良い影響を与えてくれるものなんじゃないでしょうか」

その説明に里佳子がピンときた。

「サンちゃんの言っていることってつまり、私たちのサポーターを作ろうってこと？」

「そうです。今までこのチームの試合を応援しに来てくれた人はいますか？」

「……いないわ」

「そうですか。それはなぜでしょう？」

「だって私たち弱いし。どうせ負ける試合を観に来てもらうなんて申し訳ないじゃん」


部活を本気でやってこなかったからこその本音なのだろう。サンドロは納得したうえで話を続ける。


「アヤさんと少し話をしました。今度の大会が3年生にとっては最後です。せっかく勝つためにこれからいろんな準備をするのですから、一度は試合に観に来ていただいたらどうでしょう？　里佳子さんはどう思いますか？」

「それって、たとえば親とか？」

「そうです。応援してくれる人を出来る限り集めて当日会場に来ていただくんです」

「まあ、確かに一度くらいは」

「大切な人たちに勝ち試合を見せるって、とてもうれしいと思いますよ」

誰かを喜ばせたいという感情は、人間に想像以上の力を与えることがある。サンドロは、ビジネスコンサルタントという仕事を通してそれを知っていた。クライアントを喜ばせたいという一心で努力してきた。お世話になったアヤの父親に喜んでもらえるなら と、このチームへの参加を決めたのだ。サンドロの根底にあるのは、**どんな知識や経験よりも、「誰かを喜ばせたい」という感情が人が動く決め手になる**という信念だ。

応援者を募り、その人たちと一緒に試合をする構造を作れば、きっと彼女たちは今まで以上に真剣に考え、真剣に練習し、真剣に本番を戦えるはず。サンドロは昨夜、アヤに電話でそう伝えていた。

「じゃあアヤさん、練習を始めましょうか」

「はい。あらためて、今日の練習の目的は、試合当日に応援に来てくれる人をたくさん集めることについて。具体的にどう集めるか、何人集めるかを決めたいと思います」

表情が明るくなった部員たちを見てサンドロは思った。彼女たちは心のどこかで、誰かに観に来てもらって、応援してほしいと思っていたのではないかと。

「抜け漏れがないか」をチェックする

「じゃあまず、どれくらいのサポーターに来てもらいたい？」

アヤの問いかけをスタートに数分間議論した結果、部員は「100人くらい来てくれたらうれしい」という結論を出した。今までゼロだったことを考えれば、100人の応援はものすごく心強い。

「OK。じゃあ次に、どうやって100人に来てもらうかを考えよう」

絵美が「そりゃ私たちが手分けして地道に誘っていくしかないんじゃない？」と言う。その通りだ。たっぷり広告宣伝費がある企業のマーケティング活動でもないし、部員たちが声をかけて集めるしかないだろう。ここからはアヤが練習を仕切る。ここでもきっと、「わける」と「つなぐ」をするだけだ。

「だよね。じゃあ、応援に来てくれる人ってどんな人たちかな？」

すぐに部員たちは「わける」をして、こんな分類をした。

・部員の家族
・部員の友人（女）
・部員の友人（男）

アヤは考える。ここからどうするか。この３つの分類で、来てくれそうな人数を予測してまとめれば、それが答えになるのだろうか。サンドロが声をかけてきた。

「アヤさん、思い出してください。**『わける』は、できるだけ細かいほうがいいんです。**

故障したスマホの話と同じです」

「もっと細かくわけるってことですか？」

「たとえば部員の家族って、〝両親〟と〝きょうだい〟にわけられませんか？」

「なるほど！」


それを聞いた絵美が「それ言うならさ、女友達ってのも、蘭和の子もいれば他校の子もいるよね」と加わる。さらに奈々が「バイト先の先輩とかは、高校生じゃないけど来てくれる可能性もあるでしょ。あとは他校の男子生徒とか」と言う。それらの意見をまとめ、部員たちは「サポーター」をこのように分類した。

これでいいのだろうか。部員たちはサンドロの言葉を待っていた。


「アヤさん、もうひとつ質問です」

サンドロの声に全員が反応する。

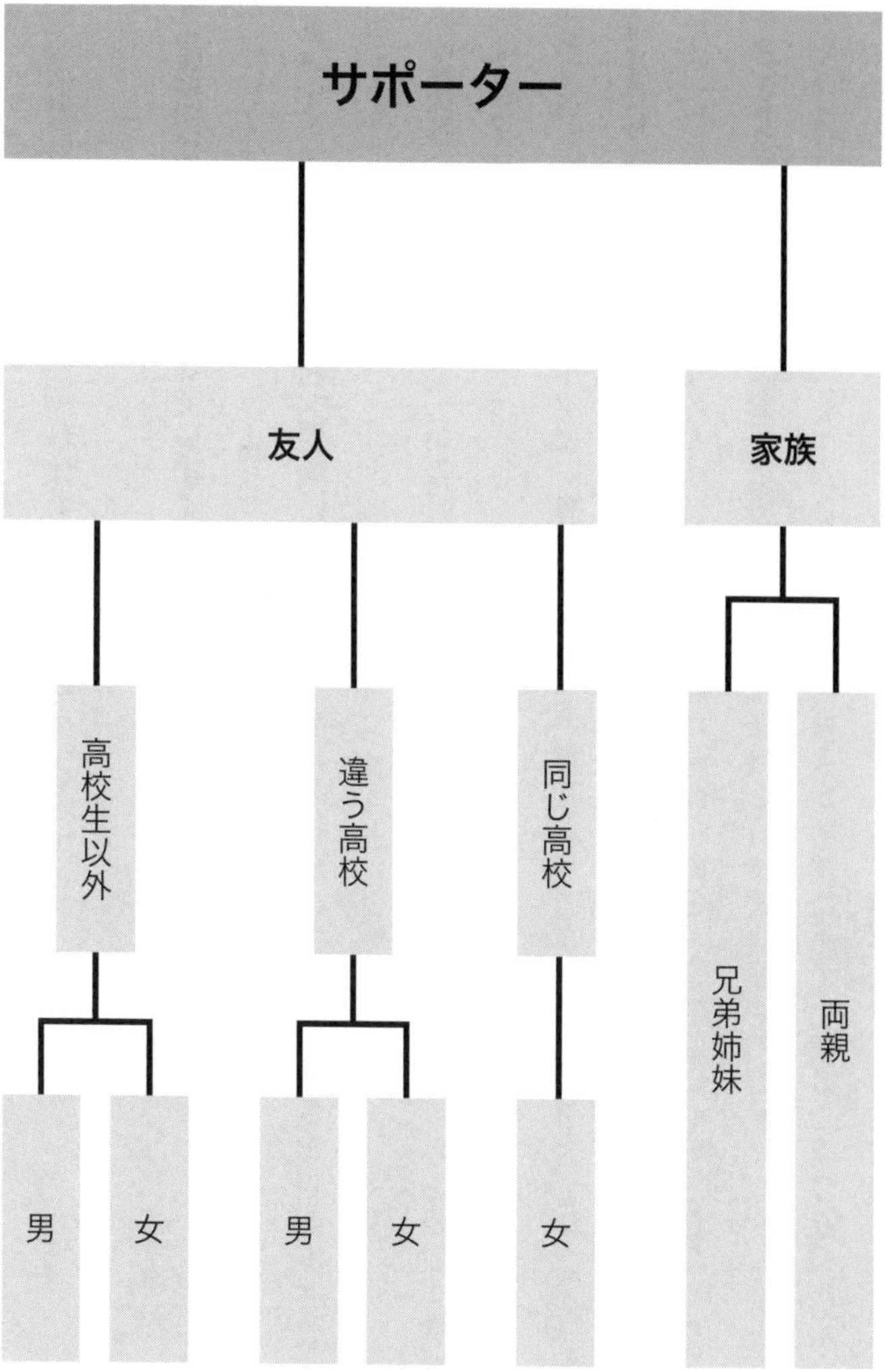
サポーター
友人
家族
高校生以外
違う高校
同じ高校
男
女
男
女
女
兄弟姉妹
両親

「この絵の内容に、抜け漏れはありませんか?」

「抜け漏れ、ですか?」

「**これですべてを網羅していますか**、という意味です」

「ないと思います。というより、その質問の意味がちょっとわかりません」

「たとえばアヤさんが大学受験に成功するために勉強法について考えるとします」

「……はあ」

「現代文、数学、日本史、いろいろ教科があって、それぞれ勉強法を考えるでしょう」

「はい」

「もし、その考えるテーマに、英語が漏れていたらどうですか?」

「それはマズイですね。英語はみんな勉強するので、高得点必須の科目だし」

「何かを考える際に、考えるべきテーマに抜け漏れがあると、結論に納得できないことがあります。この練習においても、できれば抜け漏れは避けたいのです」

「抜け漏れはないと思います。見ず知らずの他人が応援に来てくれることはないから、当然知っている人に限られる。私たち高校生にとって、知っている人は家族と友人くらいしか思い当たりません」

「そうですか。ではこのまま進めましょう」

推定すると「その先」に進める

サンドロが先を促す。

「次に、それぞれどれくらいの人数に来てもらうかを決めたいですね」

「でも、実際に来てくれるかどうかは、本人に聞いてみないとわかりませんよね」

「はい。都合が悪くなって来れない人も出てくるでしょう。ですから今日は、あくまで予測値として、ざっくりどれくらいかを結論付けられれば十分としませんか」

「ざっくり？」

「ええ。実際に何人来るかを正確に計算しようとしても無理です。試合当日にならないと正解はわかりませんから。ですから今は**おおよそどれくらいかを把握し、100人という目標が妥当かどうかを確認できれば十分ではないでしょうか**」

「なるほど。わかりました。でも…」

アヤの言葉が詰まった。サンドロには、アヤが何を考えているのかわかっていた。しかし自分からは答えを言わない。アヤが自分で考えるためのサポートに徹する。

「アヤさん、どうしました？」

「ざっくりどれくらいかを結論づけるって、どうやればいいんですか？」

「みなさんはどう思いますか？」

サンドロは部員たちを見回すと、全員真剣な表情をしていた。誰ひとりこの練習をサボっていない。サンドロは、どうにかしてこのチームを勝たせたいと思った。「勝ってほしい」が「勝たせなければ」という使命感に変わっていく。絵美が口を開いた。

「サンドロさん、ずっと、わけるとつなぐだけでいいって言ってますよね？」

「ええ」

「もしそれが本当なら、ここでもそのどっちかの考え方を使うってことですよね？」

サンドロは大きくうなずいた。

「掛け算」にわける

「たとえばみなさん、素因数分解ってご存じですか？」

部員たちは戸惑った。「小学校でやったような？」と奈々が答える。

「そうです。では奈々さん、30という数字を素因数分解できますか？」

「あ、えっと、はい。30＝2×3×5、でしたっけ？」

「正解です」

アヤは、なぜサンドロが素因数分解を持ち出したのかを考える。サンドロの問いかけには必ずメッセージがある。サンドロは何をしろと言いたいのか。ハッと気づいた。

「素因数分解。分解。つまり、わける、っていうことですか?」

アヤはサンドロの返答を待たず、黒板にある数式を書いた。


応援に来てくれる人数＝（誘う人数）×（来てくれる確率）

「応援に来てくれる人数をどう計算するか。その数を細かく分解するのよ。誘う人数と来てくれる確率の掛け算にする。これも〝わける〟ですよね、サンドロさん?」

「その通りです。ではまず〝両親〟についてはどんな計算をしましょうか?」

「私たち部員は15名。両親は2名。だから誘う人数は30名。来てくれる確率は……どうすればいいんだろう」

「そこは主観でもいいでしょう。全員来てくれると思うなら100%、誰も来てくれないと思えば0%です」

アヤは部員たちに意見を求めた。自分の娘の試合。観たくないと思う親などいるのだろうか。実際に来れるかどうかはさておき、娘から誘えば、かなり高い確率で観に来てくれると考えて90％とした。

応援に来てくれる両親＝30×0・9＝27

ここからは部員同士の議論がスムーズに進んだ。現実的に声をかけられる人数を各自で算出し、その合計値を求める。ポイントになったのは、「それぞれどれくらいの確率に設定するか」だった。

この計算に使える統計データなどはない。「けっこう来てくれそう」「ちょっと厳しそう」などの主観的な感覚を数値にするしかない。ここはアヤの発案で、部員たちの主観的な数値の平均値をとり、それを確率に設定することにした。

			誘う人数	確率	来てくれる人数（予測値）
家族	両親		30	0.9	27
	兄弟姉妹		20	0.5	10
友人	同じ高校	女	150	0.3	45
	違う高校	女	250	0.2	50
		男	30	0.1	3
	高校生以外	女	20	0.05	1
		男	5	0.05	0.25
					136.25

「合計が136・25か。……サンドロさん、これ、どういうことになるんでしょう？」

「あくまで概算ですが、この設定通りに事が運べば、だいたい136名の応援が期待できる、ということですね」

「100名クリアじゃん！　イケる！　これだけ応援に来てくれたら絶対頑張るよ」

　里佳子の言葉に全員共感した。少なくとも100名のサポーターという目標は現実的に可能であることはわかった。サンドロも笑顔でうなずく。

「みなさん、お見事です。お気付きかもし

れませんが、いまみなさんが作ったこの表。これは、昨日の練習で何度か登場した2×2の〝絵〟に似ていると思いませんか」

誰かが「たしかに」とつぶやく。

「この表のヨコはサポーターそのものを分類しています。そしてタテは人数を分解しています。つまり」

「どちらもわけている、ってことですね」

また今回も「わける」だけで結論を得ることができた。わける。たった3文字で表現される行為の威力をアヤは実感し始めた。

もっとも重視すべきものは何か？

「これ見て思ったんだけどさ」

絵美がアヤに向かって話しかける。以前、つなぐという行為が「数学の証明問題に似ている」と言った絵美。絵美はこの練習の本質がつかめているのかもしれない。絵美が何を言い出すのか、アヤは期待した。

「ってことは、やっぱり女子高生がいかに集まるかが重要だよね」

「どういうこと？」

「だって、誘う人数が圧倒的に多いわけでしょ？　ということはさ、そこの確率が落ちると一気に来る人数も減るわけじゃん？」

「確かにそうね」

この話に奈々も反応する。

「なんか、うちの学校もフォロワーが多いみたいな子っていると思うのよ」

「え？」

「その子がいいって言えば買う、行くって言えばついてく、みたいな影響力ある子」

ほかの部員たちがうなずく。どんなクラスにも必ず人気者がいる。蘭和女学院の生徒はグループ行動が多く、サッカーにそれほど興味がなかったとしても、そのグループのリーダー格が行くなら自分もついて行く、という考え方の子がいる。人気と影響力のある子をうまく誘えれば、人数を集めることができるかもしれない。

「じゃあみんな、明日までの宿題。蘭和の中で誰がキーパーソンになるか。みんなの小学校中学校時代の友達で影響力のある人がいないか、各自でリストアップしてくること」

「はーい、キャプテン！」

サンドロは彼女たちの会話を聞いて、企業のマーケティング会議のようだと思った。

「ではアヤさん、最後に〝つなぐ〟をしましょう。今日の練習内容をまとめる意味で」

すっかりパターン化したサンドロのこの指示。ちゃんと考えるとは、こういう流れでするものなのだろうか。アヤは部員たちと相談しながら、昨日と同じように矢印を使って「絵」を描き始める。

・やっぱり私たちの気分がアガる施策もやったほうがいい
　←（まず）
・サポーターの存在はきっと私たちに「やる気」をもたらす
　←（だから）
・試合中に応援してくれるサポーターをたくさん集めたい
　←（そこで）
・今日の目的はサポーターを、どうやって、何名集めるかを決めること
　←（まず）
・サポーターを分類し、それぞれの人数を分解した
　←（そして）

・計算した結果、およそ136名という予測値を得た
　←（一方）
・目標値は100名で、十分達成できる可能性のあるプランだと判断
　←（さらに）
・女子高生をいかに集めるかが最も重要な課題
　←（そこで）
・おそらく女子高生の影響力が大きい子を優先的に誘うことが効果的
　←（以上より）

【100名集めるためにやることは以下の3つ】
・影響力が大きそうな人の特定
・誘いをOKしてもらうための作戦を練る
・その人物に優先的にアプローチ（集客）する

「サンドロさん、どうでしょうか？」
「あ、私に聞かなくていいですよ。みなさんに聞いてみてください」
「あ、はい。みんなどうかな？」

代表して「オッケー」と里佳子が言った。つまり部員たちは最後の結論に納得したということだ。**スタートの「やっぱり私たちの気分がアガる施策もやったほうがいい」に納得しているからこそ、矢印でつながったゴールの「3つのやること」にも納得できる。納得しているからこそ、誰かに強制されることなく、自発的に行動できる。**

サンドロは、このチームを離れたあとも、この一連の行為が人生を豊かにするためにどれだけ大切なことか、少しでも彼女たちに伝わっていたらいいなと思った。

暗くなった校舎をアヤとサンドロが歩いている。ボールを使わない教室での練習も4日目が終わった。昇降口に近づいたとき、アヤはふと、あることを思い出した。

「そういえば」

「どうしましたか?」

「この教室での練習は5日間って言ってましたよね?」

「ええ。明日でこのスタイルはおしまいです」

「そのあとはどうするんですか?」


アヤが立ち止まり、それに気づいたサンドロも足を止める。


「あとは、みなさんが実践するだけです」

「ですよね」

「どんなにちゃんと考えることができても、それだけでは成果は出ません。その後に、行動しないと。スポーツも、ビジネスも、受験でもそうかもしれません」

「……」

「人生において、勝ち負けなんてそれほど重要ではないと思います。でも、誰でも、人生において〝勝ちたい〟と心から思う場面が訪れます」

「はい」

「そのときだけは、ちゃんと考えて得た結論を信じて、行動しないと勝てないんです」

「はい」

「あ、ごめんなさい。なんだか説教くさい話になってしまって」


求められていないアドバイスをする大人は「ウザい」と思われてしまうことも多い。しかし、アヤは今の話を素直に受け取ることができた。


「サンドロさんは、グラウンドでの練習に参加してくれるんですか？」

「グラウンドには立ちませんが、練習は見てみたいと思います」

「そうですか」

「どうかされましたか？」

「あ、いえ。もしサンドロさんがサッカーに詳しい方だったらなって。ごめんなさい。前も同じこと言いましたよね」

「ああ、ごめんなさいね。では、また明日」

サンドロの後ろ姿を見送り、アヤも家路につく。夜空を見上げると星が見えた。アヤはスマホを取り出し、メッセンジャーアプリで父親の慎二を探す。単身赴任の父。試合を観に来ることは難しいかもしれない。それでもアヤは誰よりもきてほしい人を誘ってみることにした。メッセージを送り、再び夜空を見上げる。見慣れているはずの星が、いつもより明るく見えた。

10　5日目　～合理的なのはどっち？～

「みんな宿題やってきた？」

アヤの第一声はキックオフのホイッスルのようで、部員たちが一斉に動き出す。影響力があり友人の多い子、ＳＮＳでフォロワーの多い子を具体的に列挙する作業からスタートした。奈々が、遠慮がちに「あのー」と言い出した。

「昨日の内容で、ちょっと気になることがあって」

「いいよ。奈々、言ってみて」

「他校の男子生徒も誘おうかなーと。でもちょっと恥ずかしいっていうか……」

すぐに里佳子が気づいた。

「奈々、それ好きな男でしょ」

「え、あ、いや……彼氏なんだけど」

「えー！　いつの間に！　写真見せてよ写真！」

「えー、やだし」

「見せたいんでしょ！　いいから早く！」

教室はお祭り騒ぎになる。奈々が言うには、アルバイト先で知り合った他校の男子らしい。身長の高い奈々よりもさらに高身長のバスケットボール部員。

「ちょっと奈々、なんで言ってくれないのよ。いいなーバスケ男子。理想だよね」

「えへ」

「その彼氏を試合に呼ぶのは恥ずかしいってこと？」

「うん。いつもは制服で会っているからいいんだけどさ。ユニフォームかわいくないし、汗だくで走り回るのって恥ずかしいじゃん。身体のラインも足の太さもわかるし」

「……わかるわ」

アヤも苦笑いしながら同意するが、できれば彼氏でもいいから連れてきてほしいとも思う。絵美がニヤニヤしながら言い出す。

「でもさ、彼氏がいるからめっちゃ頑張れる、ってこともない？」

里佳子も加わる。

「あたしもそう思う。頑張っている姿を見せたら、彼氏もさらに惚れるんじゃね？　もし試合に勝ったりなんかしたら、さらにラブラブじゃね？」

「そうそう。逆に呼ばないほうが彼氏は悲しむ気もするけどなー」

そのときサンドロが思いついた。これはいい題材かもしれない。教室での練習はこれが最終日。テーマは部員たちに任せようと思っていたが、いいテーマが出た。

「みなさん、ちょっといいですか？　私からひとつ提案があります」

みんな一斉にサンドロを見る。アヤが「なんですか？」と先を促す。

「奈々さんに限らず、好きな人が試合を観に来てくれるのと来てくれないのでは、どちらがその恋にメリットが大きいか。今日はこのテーマを考えるのはどうでしょうか？」

「え？　そんなテーマでいいんですか？」

「はい。今日はこの教室でやる練習の最終日ですが、もともと予備日でした。つまり私はテーマを決めていません。皆さんが考えたいテーマにしようと思っていたので」

「みんなどう？」

アヤの問いかけに全員が楽しそうに賛成した。今日の練習の目的は、「彼氏に観に来てもらうべきかどうか問題」の結論を出すこと。そしてサポーターを100名集めるための鍵になる子に、どんな誘い文句でアプローチするかを決めることだ。

「じゃあまずは彼氏問題からね」

「イエーイ！」

盛り上がる部員たち。しかしアヤはさっそく困った。楽しそうなテーマではあるが、いったいどう進めればいいのか。応援に来てもらったほうがいいかどうか、全部員に意見を出してもらい、多数決で決めればいいのだろうか。違うような気がする。ここまでの練習でサンドロに教えてもらったことは、そういうことではないような気がする。

「さっそくですが、サンドロさん」

「なんでしょうか？」

「どう進めたらいいかわかりません」

まずは自由にやってみればいいのに。アヤの真面目さにサンドロは微笑んだ。

「結論」は、いくつにわけられるか？

「では最初だけ、ちょっと私も加わりましょう」

「はい、お願いします！」

「まずアヤさん、今回の目的はなんでしょうか？」

「え？　奈々の彼氏に観に来てもらうべきかどうかを決めること、ですよね」


サンドロは、アヤがそう答えるとわかっていて次の問いを用意していた。


「では、それを決めるために何が必要でしょうか？」

「え？」

「言い換えると、どんな情報があれば〝決める〟が簡単にできるかということです」

「ちょっと難しいです」

「たとえば、アヤさんが数学を受験科目に入れるかどうかを悩んでいるとしましょう。いったいどんな情報があれば、入れるかどうかを決めることができますか？」

「えーっと、偏差値とか？」

「そうですね。もしアヤさんの数学の偏差値が65なら？」

「受験科目に入れてもＯＫって思います」

「もし偏差値が35なら？」

「もう数学は諦めます」


サンドロの目に、何か言いたそうな絵美の表情が映る。絵美に発言を促すと、絵美は待っていたかのように話し始める。


「サンドロさんが言いたいのは、何か決めるときには数値があると便利、ってこと？」

「さすが絵美さん。その通りです」

「でもこのテーマでいったいどうやって数値を？」

サンドロは絵美の発言を利用し、今からこの問題を数値化して解決してみようと提案した。奈々の彼氏が応援に来るケースと来ないケースでは、どちらが奈々の恋愛にとっていい影響があるか。この問題を、数値の大小で意思決定してみようと。

「サンちゃん、わたし、ぜんっぜんわかんないんだけど」

里佳子の言葉を聞いて、サンドロは黒板に素早く3行を書き込んだ。

「彼氏の応援あり」恋への影響度＝

「彼氏の応援なし」恋への影響度＝

良い影響は「＋」、悪い影響は「－」で表現すること

「里佳子さん。今から私たちはこの2つの数値を計算しようと思います。この2つの計算結果が、答えになるはずです」

「数値が大きいほうが答え、ってこと？」

「そうです。それをちゃんと考えて得た結論だということにする。みなさん、ここまではいかがでしょう？」


部員たちがうなずく。どんな手法かはまったくわからないが、恋への影響度がどれくらいあるのかを数値で計算することができれば、その数値が大きいほうが答え。それはとてもシンプルでわかりやすい方法であることは、部員たちにも伝わった。


「では始めましょう。アヤさん、そもそもこの問題の結論はいくつにわけられますか？」

「え？　わける？」

「そうです。いくつにわけられますか？」

「2つ、でしょうか」

「来てもらう」と「来てもらわない」の2つ。あまりに当たり前の答えにアヤは戸惑う。

サンドロは黒板を使い、また「絵」を描いていく。

「では彼氏に来てもらったとき、試合の結果はいくつにわけられますか？」

「試合の結果……？　勝つと負ける、ですよね」

「つまり？」

「2つにわけられる？」

「なるほど」

　サンドロは黒板の「あり」と「なし」という文字から2本の線を引き、それぞれに「勝ち」と「負け」と書く。アヤをはじめ部員たちの視線が黒板に集中する。

　サンドロの描いた絵は、確かにこの問題の構造を明らかにしたものだ。した行為は「わける」だけ。とても簡単なことをしているのだが、アヤはすぐにこのような絵を描

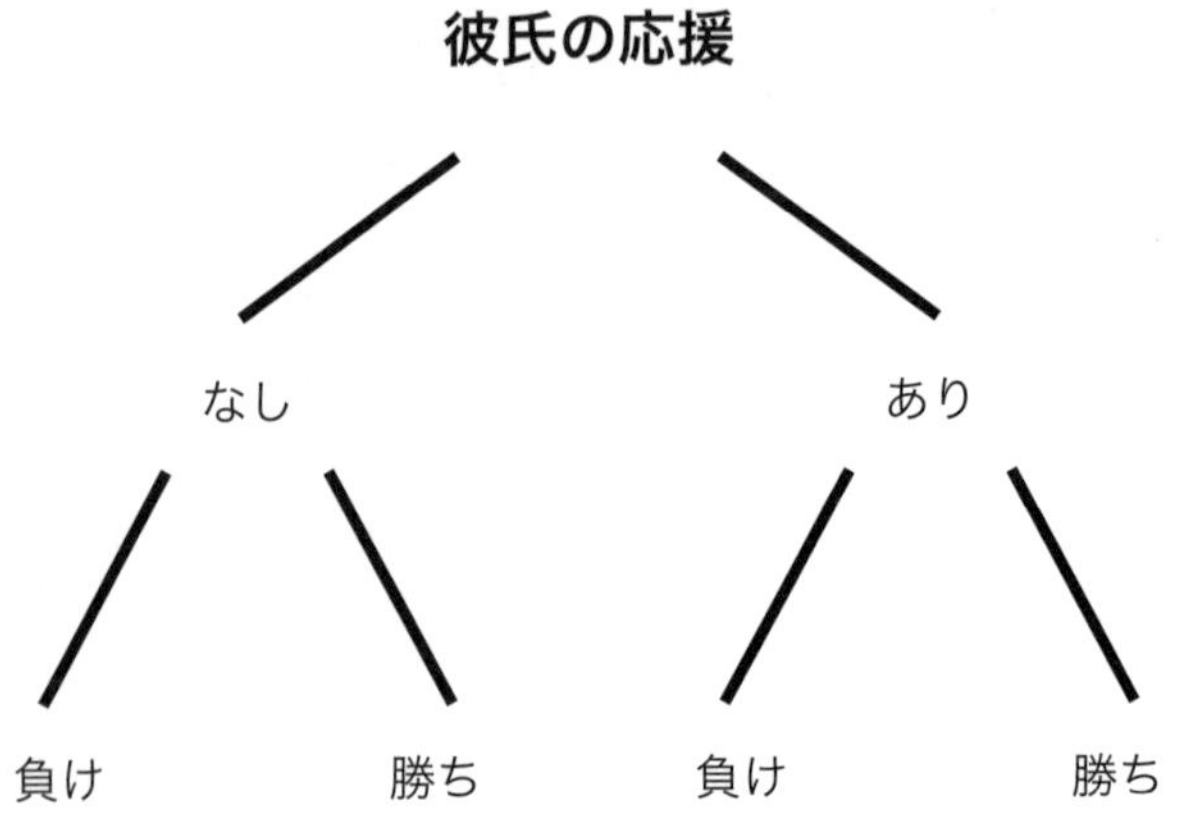

ける気がしなかった。どうすればサンドロのように、その場に応じた〝わける〟がすぐにできるのだろう。

「ここまでを整理しますね。じゃあ絵美さん、この問題において起こることは、全部でいくつあることになりますか？」

「4つ。彼氏が応援に来て勝つ。来て負ける。来ないで勝つ。来ないで負ける」

「ありがとうございます。ではここからは主人公を奈々さんにしましょう」

「あ、はい」

「奈々さん、差し支えなければ、その彼氏の方のお名前を教えていただけますか？」

「駿太です」

「答えてるし！」と里佳子が大笑いする。

「直感的な数字」に置き換える

「は？」

「では、駿太さんが応援に来なかったときの奈々さんの恋への影響度を0とします」

サンドロは黒板の「なし」の下に「0」と書き込む。何が始まるのか。アヤはサンドロに進行を任せることにした。

「では奈々さん、もし駿太さんが応援に来たら二人の恋にどれくらいの影響を及ぼすと思いますか。奈々さんが頑張ってプレーする。駿太さんがそこにいて応援する。この出来事は、恋にどれくらいいい影響を及ぼすかを教えてください。できれば数値で。直感で構いません」

「ちょっと影響するとか、かなり影響するとか、そういうことですか？」

「そうです」

少し考えた奈々は、直感的に「＋１００」と答える。その答えを聞いたサンドロは黒板に書かれている「あり」の下に「＋１００」と書き込んだ。

「ここからがポイントです。まず駿太さんが応援に来ている場合から。もし、その試合に勝ったら、先ほどの＋１００に加えて、さらにどれくらい影響を及ぼすと思いますか？」

部員たちが相談し始める。自分の彼女が出場している試合を応援し、結果として勝つ。青春ドラマのようなシナリオだろう。二人は最高潮に違いない。絵美の言った「え、そんなの最高じゃん」に全員うなずく。

「駿太さんに来てもらっただけで恋への影響度はすでに＋１００です。それを基準にしたとき、さらに試合で勝ったらどれくらいの影響度があると思いますか。奈々さん」

「うーん、さらに倍！　みたいな感じだから……さらに＋100かな」

「なるほど。ではもしこの試合で負けたら、どうですか？」

「うーん、きっとガッカリさせちゃうんじゃないかな。そもそもヘタクソだし、無様な姿を見せちゃうわけだし、駿太くんバスケ超うまいし、もしかしたらスポーツできる女子のほうが好きかもしれないし……逆に－100ってイメージ」

「では、その数字を使いましょう」


サンドロは「＋100」と「－100」という数字を書き込む。いったい何をしているのだろう。わからない。でもじっと見ているだけではつまらない。アヤは思い切ってサンドロに声をかける。


「……あのサンドロさん、ここから先は私がやってみてもいいですか？」

「もちろんいいですよ。何か困ったら言ってください」

サンドロからバトンを受け取り、アヤが進行役になる。どういう展開にするか、なんとなくイメージはあった。それを頼りにとりあえずやってみたい欲求が強かった。

数値なら「比較」できる

「えっと。じゃあここからは逆に駿太くんが応援に来なかったときのことを考えよう」

部員は黙っている。アヤはひと呼吸おいて、次の言葉を頭の中で探す。

「駿太くんが来なかったときに試合に勝ったらどうか、ってことをまず考えるのよね。勝ったことを後で報告するわけでしょ？　いいニュースなわけだし、マイナスにはならないんじゃないかな。里佳子どう思う？」

「奈々ーがんばったじゃーん。いーこいーこしてあげるよー、的な」

「まあ、そうかもね。じゃあ奈々、この場合の恋への影響度はいくつにする？」

「うーん、じゃあ＋50で」

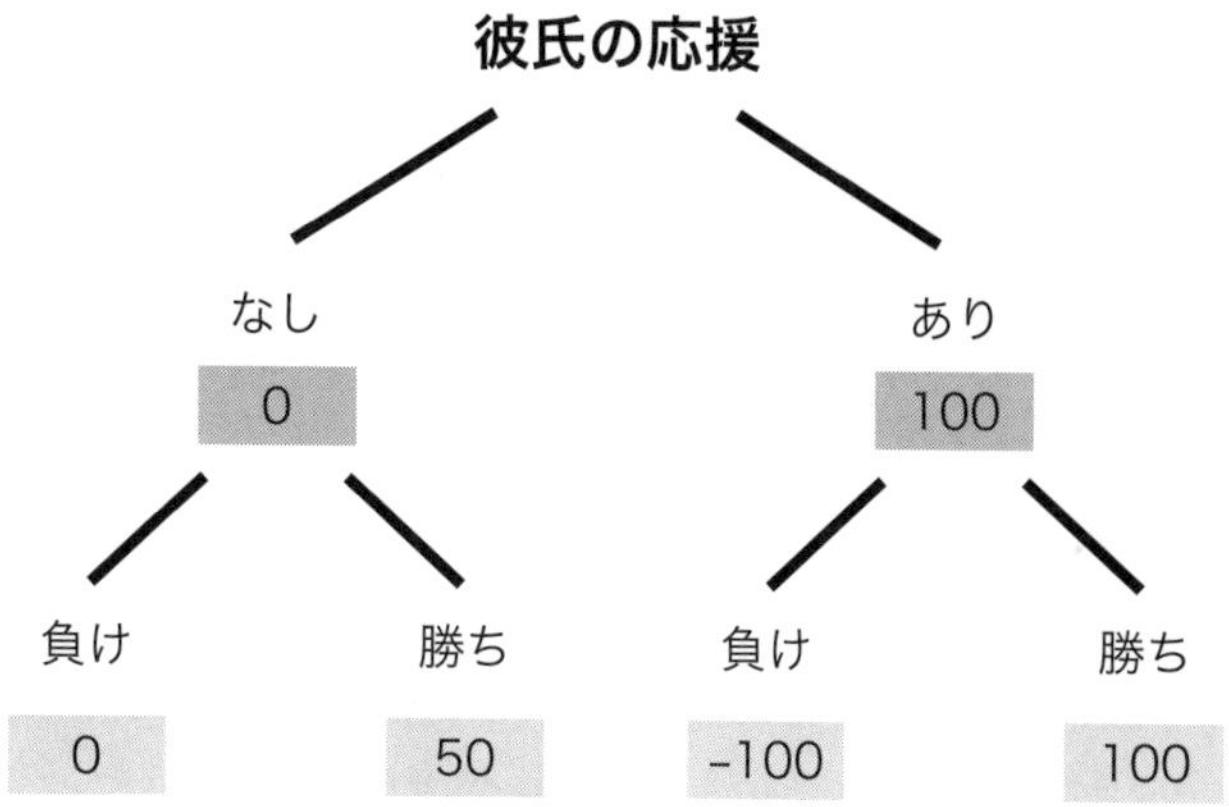

「OK。じゃあ、もし試合で負けたら？」

「負けたら、報告しないと思う。そもそも観に来てないわけだし」

「あ、そうか。ということは影響度はゼロってことになるのかな」

「そうだね」

アヤは黒板に「50」と「0」という2つの数字を書き込んだ。この数字を使ってここから合理的な選択肢を選ぶのが「正解」なのだろう。でも、いったいどうやって？

「サンドロさん、質問です」

「どうぞ」

「私としては、ここから彼氏の応援ありのときの恋への影響度、彼氏の応援なしのときの恋への影響度を、それぞれ数値で求めたいと思っています」

「はい」

「でも、ここに並んだ数値をそのままぜんぶ足し算するみたいな、そんな単純な話ではないように思うんです。感覚的でうまく説明できないんですけど」

「なるほど。みなさんは、いまのアヤさんの言ったことがわかりますか?」


「わかるよ」と里佳子が言い、続けてサンドロに向けて質問する。


「サンちゃん、ここからどうすんの?　私もよくわかんないや」

「里佳子さん、ありがとうございます。アヤさんはいかがですか?」

「そうですね。難しいです」

「では、こんな問題をみんなで考えてみましょう。ヒントになるかもしれないので」


サンドロは黒板の空いているスペースに何かを書き始めた。「ちょっとだけ脱線します。この問題、みなさんはどう答えますか？」と問いかける。

Q1　次のゲームは平均いくらもらえるゲームか？

勝てば100円もらえる
負ければ100円はらう
勝つ確率は50％

じっと考える部員たち。アヤが最初に答える。

「0円」
「正解です。なぜ0円なのか、説明していただけますか？」

「勝つか負けるか50%だから、+１００円と−１００円の真ん中でいいかと思って」
「その通りです。そして、その計算は、こう表現することもできると思います」

{(+100円)+(−100円)}÷2

(+100円と−100円の平均を計算)

「これを掛け算に変換すると、こうなる」

={(+100円)+(−100円)}×0.5

(+100円と−100円を合計し、その50%を計算)

「さらに、式を展開すると、こうなる」

＝（＋100円）×0.5＋（−100円）×0.5

（＋100円の50%、−100円の50%を合計）

「つまり、」

＝（＋50円）＋（−50円）

＝0円

「いかがでしょうか？」

全員がうなずく。それを見てサンドロが「ではこの話をふまえて、次はこんな問題はどうでしょうか」と次のステップに部員たちを導く。

Q2　駿太くんが来た場合、奈々の恋への影響度の平均は?

勝てば影響度+100
負ければ影響度−100
勝つ確率は

アヤはハッとした。ようやく、サンドロがしていることの意味がわかった気がした。到達するべきゴールまでの道筋を必死に考える。矢印でつなぐように。

「アヤさん、このQ2に答えるためには何をしたらいいと思いますか?」

「試合に勝つ確率を決めることだと思います。仮に勝つ確率50%でもいいですか?」

「もちろん。五分五分という意味ですね」

アヤは、サンドロの出した問題文の空欄に「50％」と書き込む。先ほどの式と同じ計算式になるから、この問題の答えも明らかだ。

$$(+100)\times 0.5+(-100)\times 0.5=50-50=0$$

「そっか……」とアヤはつぶやく。この先の展開が見えてきた気がする。イメージが頭にあるうちに前に進めるため、アヤは奈々に質問する。

「ねえ奈々。もし駿太くんが応援に来ているときとそうでないときでは、どちらのほうが頑張ってプレイすると思う？」

「え？」

「ユニフォームのダサさとかそういうのも全部ひっくるめて。どっちのほうがいいプレイができそう？」

「それは……まあ、駿太くんが応援に来てるなら絶対勝ちたいし……」

「もし駿太くんが来ているときの頑張りを1としたら、来ていないときの頑張りはどれくらい減りそう？」

「え？　何、その質問？」

「おもしろい」とサンドロは心の中で思った。

「彼氏の前でめっちゃ頑張るときのプレーを仮に1としたら、彼氏がいないときのプレーはどれくらい頑張れるイメージかってこと。0・1とか0・9とか、そんな感じで」

「うーん、半分くらいかなぁ。つまり0・5」

「OK。みんなに聞きたいんだけど、ウチのセンターフォワードの頑張りは、この試合の勝つ確率にかなり影響すると思うんだけど、どう思う？」

全員が同意する。サッカーが得点数を競うスポーツである以上、もっとも相手ゴールに近い場所でプレーする奈々のパフォーマンスは、勝敗に大きく影響するだろう。20

10年の男子W杯で大活躍した本田圭佑選手もそうだった。本番前に急遽ポジションが1トップのセンターフォワードに変わり、第1戦と第3戦で見事に得点を挙げて決勝トーナメント進出の立役者になった。アヤが続ける。

「じゃあこうしない？　奈々の頑張りが半減するなら、このチームの勝つ確率も半減する、って仮定するの」

「さすが筋がいい」とサンドロは心の中で思った。**基準を設定し、その基準を数値にすると、その周辺の比較対象も数値で仮定できる。その結果、もっとも比較しやすい「数」で議論できる。**これは、サンドロがビジネススクールで学んだ思考法と同じだ。

「えー！　わたし、そんなに責任重大なの!?」

アヤは黒板の空いているスペースに、さらに別の問題を書き込む。サンドロの「Q2」を真似た形で、「Q3」を作り出す。

Q３　駿太くんが来ない場合、奈々の恋への影響度の平均はいくつ？

勝てば影響度＋50
負ければ影響度±０
勝つ確率25％

絵美がこの板書を見て発言する。
「奈々の彼氏が応援に来ないときのことを、さっきのQ２と同じように考えるってことか」

「そうそう。いきなり確率25％って数字を書いたけど、これは意味わかる？」

「奈々の彼氏が応援に来ているときの確率が五分五分の50％だったから、さらに半分にして25％ってことでしょ？」

絵美がそう答え、自分の解釈を説明し始めた。

彼氏が来れば、奈々の頑張りは倍に引きあがる。

裏を返せば、彼氏が応援に来ないことは、センターフォワードという重要なポジションのパフォーマンスを半分に下げる。シンプルに考えれば、試合に勝つ可能性もさらに半分に下がる。つまり50％の半分だから25％。トーナメント制の大会なので、引き分けはない。だから必然的に負ける確率は75％。

説明を終えた絵美がアヤを見る。

「絵美、そういうこと！　さすが！」

「まあね」

「ってことは…」と里佳子が口頭で計算式を口にする。その内容をアヤはそのまま黒板に書き写していく。

（+50）×0.25＋（±0）×0.75＝（＋12.5）＋（±0）＝＋12.5

（＋50の25％、±0の75％を合計）

見えてきた。結論はもうすぐのはずだ。アヤはじっくり黒板を見つめ、慎重に考える。サンドロも黙って見守る。「ってことは、こういうこと……？」最初にサンドロが書いた、まるで木のような形の絵。アヤはためらいながら頭の中にある数字をそこに書き込んでいく。

書き終えた頃、アヤがサンドロの表情をうかがうと、サンドロは「どうぞ」と手で合図を送る。アヤは一息つき、部員たちに説明を始める。

「奈々が駿太くんに応援にきてもらうかどうか問題。選択肢はもちろん2つ。来てもらう場合とそうでない場合です。まず、来てもらう場合の恋への影響度は、合計して＋100になります。サンドロさん、ここまではどうですか？」

「OKです。続けてください」

「逆に来てもらわない場合の恋への影響度は、合計で＋12・5です。つまり来てもらうほうが奈々の恋愛にとってメリットが大きいという結論になります」

サンドロは拍手をした。アヤは、2つの選択肢の違いを数値で表現した。

「彼氏の応援あり」恋への影響度＝＋100

「彼氏の応援なし」恋への影響度＝＋12・5

主役の奈々が言う。

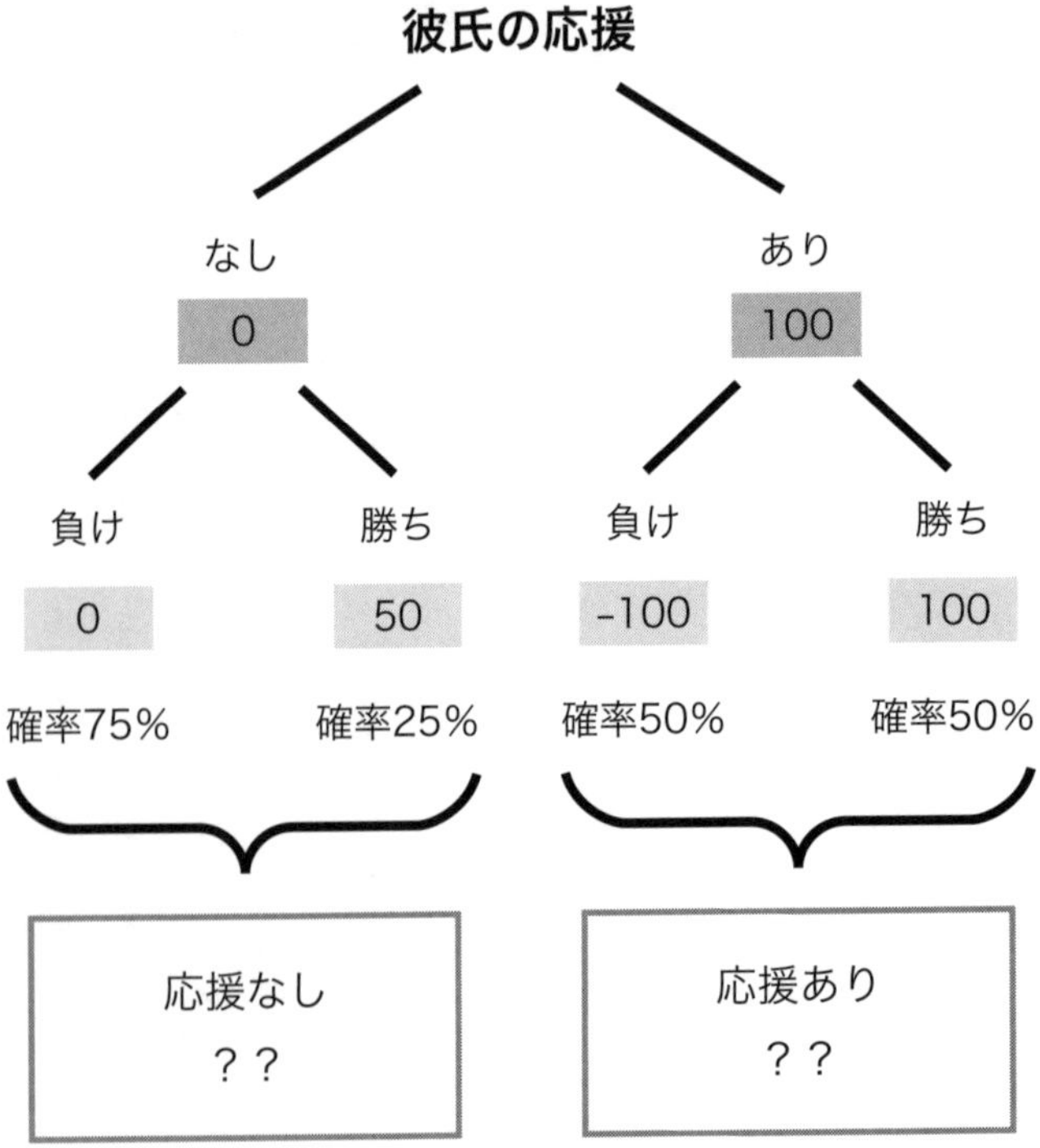
彼氏の応援
なし
0
あり
100
負け
0
確率75%
勝ち
50
確率25%
負け
-100
確率50%
勝ち
100
確率50%
応援なし
？？
応援あり
？？

「応援あり」のときの　恋への影響度

$$100 + (100 \times 0.5 + (-100) \times 0.5)$$
$$= 100 + (50 + (-50))$$
$$= 100 + 0$$
$$= 100$$

「応援なし」のときの　恋への影響度

$$0 + (50 \times 0.25 + 0 \times 0.75)$$
$$= 0 + (12.5 + 0)$$
$$= 0 + 12.5$$
$$= 12.5$$

「これって、つまり、駿太くんに応援に来てもらうほうが、なんていうか、賢いってことだよね？」

「うん。私はそう解釈してんだけど」

するると、サンドロが奈々に声をかける。

「奈々さん。みんなが計算してくれた2つの影響度は、どれくらい違いますか？」

「＋100と＋12・5ですよね。……8倍？」

「そうです。あくまでも理論上ですが、8倍です」

「理論上……？」

「あくまでただの数字だという意味です。だから最後は、奈々さんなりに思っていることを踏まえて、総合的に評価すればいいんです」

「……どういうことですか？」

「みんなの意見は置いて、彼女としての奈々さんが考える、駿太さんに応援に来てもらうことのメリットとデメリットが、きっとありますよね。それに対して、この8倍という数字がどうなのかを評価すればいい、ということです」

「8倍が割に合うか合わないか、ってことですか？」

「そうですね」

「8倍……そっか、そんなに違うものなんだ……」

「……」

「……思い切って、誘ってみよっかな」

「おー！」と教室は拍手に包まれ、奈々は照れくさそうにしている。少しして、サンドロが手を挙げて話し始める。

「いま、みなさんがやったのは、『けっこう』とか『かなり』とか『ちょっと』のような、曖昧な感情を仮の数値にすることで、具体的にどれくらい違うものなのかをハッキリさせたことです。『恋への影響度がかなり違う』という結論よりも、『来たほうが8倍良い影響がある』のほうが、奈々さんが答えを出すための参考情報として便利ですよね」

部員たちがうなずく。すかさずアヤが尋ねる。

「サンドロさん。これがちゃんと考えるってことなんですか？」

「そうです。今回の問題、駿太さんに応援に来てもらうかどうかなんて、ハッキリ申し上げれば、奈々さんが気分で決めたっていいわけです」

「たしかに」

「みなさんの中にも『そりゃ応援に来てもらったほうがいいでしょ』と直感的に思っていた方も多かったはずです。アヤさんはいかがですか？」

「はい、そう思っていました」

「もちろん、気分や直感で答えを決めることも1つの方法です。でも、頭の中で〝わける〟と〝つなぐ〟をして答えを出すこともまた1つの方法です。答えを出すための選択肢は1つよりは複数あったほうがいい。選択肢があって、選べることは、とても豊かなことなんです」


部員たちの表情が少し変わった。目に光が宿り、視線に強さが生まれた。実際にこの試合が奈々の恋にどんな影響を与えるかなど、誰にもわからない。試合に勝てるかどうかすら誰にもわからない。

しかし、**そういう不確実な物事に対しても、「ちゃんと考える」をすれば、行動につながる答えを出すことができる。**もしその答えに納得できれば、その選択をすればいい。そして「これはあくまで答えを出すための方法論のひとつ。絶対ではない。答えの出し方は自由であること」。サンドロは補足としてそう部員たちに伝えた。

「ではアヤさん、ここまでをまとめましょうか」

「矢印でつなぐんですよね」

アヤは部員たちに質問することなく、これまでの内容を思い出しながら「証明問題」を解いていく。果たしてアヤはこれが数学と同じ行為であることを感じ取っているだろうか。サンドロはそんなことを思いながらアヤの横顔を見ている。

「奈々の彼氏に応援に来てもらうか問題」を解決する

←（まず）

応援に来る・来ないの2つにわける

←（さらに）

それぞれを勝ち・負けでわける

←（さらに）

恋への影響度を数字で表現した

←（すると）

彼氏を呼ぶほうが、恋に8倍の良い影響があることがわかった

←（以上より）

奈々は彼氏を誘うことに決めた

「サンドロさん、どうですか？」

「みなさん、いかがでしょう？」

部員たちもOKサインを出す。また「わける」と「つなぐ」だけで練習の目的を達成することができた。正確に言えば行動するための納得を手に入れた。このケースでの行動とは、奈々が駿太を試合に誘うことだ。

この後、教室はもう1つの宿題となっていた、サポーターを集めるための話題で大盛り上がり。リストアップした影響力のある子、フォロワーの多い子をどう口説くか、どうやってその影響力を利用するかについてアイデアを出し合う。お礼としてご飯に連れていく。InstagramやLINEなどを駆使する。サンドロは、ここからの話題は部員たちに委ねることにした。

補講

～〝わける〟をわける

翌日の土曜日。アヤは朝から自宅近くのカフェで受験勉強をしていた。部活も大事だが、大学受験を控える身だ。ふと勉強の手を止めて、1週間のサンドロとの対話を思い出す。特に印象的だったのは昨日だった。奈々の彼氏に応援に来てもらうか問題。どうしていいかわからなかったアヤを助けるように、サンドロは鮮やかに「絵」を描いた。木のような綺麗な形の絵。

なぜサンドロはあんなに簡単に「わける」ができるのか。5日間の教室練習での中心は「わける」だった。後から振り返れば確かに「わける」をすると納得できた。でも、なぜサンドロは「わける」が自然にできるのか？　そこに、どういう視点があるのか？

ほとんど残っていないカフェラテを飲み干し、アヤは思い切ってスマホのメッセンジャーを立ち上げ、サンドロに疑問をそのままメッセージした。休日にわざわざ時間を作ってもらうのも申し訳ないかも、とちょっと後悔したとき、サンドロから返信がきた。

「要素のわける」と「比較のわける」

「アヤさん、こんにちは。なるほど。いい質問ですね」

「お休みの日にすいません。なんかモヤモヤして」

「大丈夫です。少し長くなりますが、このままメッセージでやりとりしましょうか？」

「ありがとうございます！」

「伝えたいことを整理したいので、このまま3分、待てますか？」

「もちろん大丈夫です」

「……お待たせしました。この画像、見れますか？」

「はい、見れました」

「わけるには『要素のわける』と『比較のわける』の2種類がある、というのが私の考えです。まずは『要素のわける』から説明しますね。アヤさん、たとえば、ラーメンは何でできていますか？」

「え？」

わける	**A　要素のわける** ※「それは何でできているか？」 ・サッカー部が弱い理由＝X+Y+Z（気持ち＋技術＋システム） ・サポーターの人数＝ X × Y（声かけ数×参加率）
	B　比較のわける ※「どんな比較ができるか？」 ・自分たちでできる練習 vs 専門家の指導が必要な練習 ・ボールに触れる練習 vs ボールに触れない練習 ・ドリブルを多用するチーム vs パスを多用するチーム ・セットプレーを獲得しやすい vs セットプレーを獲得しにくい ・彼氏が来る vs 彼氏が来ない ・勝ったとき vs 負けたとき

「唐突ですけれども……」

「麺とスープと具、とか、そういうことですか？」

「はい。ラーメンを要素に分解すると、そうなりますよね。構成しているものを明らかにする、ということです」

「はい」

「先週の練習ではどんなときにこの『要素のわける』をしたかというと、この表に書いた２つです」

「XとかYとか……?」

「まず、サッカー部が弱い理由を明らかにしましたよね。これをラーメンに置き換えると、『麺とスープと具』という結論を出すことと同じではないでしょうか」

「気持ちに関すること、技術に関すること……、とかでわけたやつのことですか?」

「そうです。サポーターの数を計算するときも『要素のわける』を使いました。サポーターの人数を素因数分解のようにわけた、誘う人数と来る確率の掛け算です」

「はい」

「あれも、要素に分解したことと同じなんです。『素因数分解』という字の通り」

「なるほど」

「もし『要素のわける』をしたいときは、自分自身にこう問いかけるといいですよ。**『それは何でできていますか?』**と」

「さっきのラーメンの話ですね!」

「そうです。ここまでどうでしょう?」

「わかりました!」

「もうひとつは、『比較のわける』です。たとえば、先ほどのラーメンというテーマなら、どんな比較ができますか?　なんでもいいですよ!」

「醤油とトンコツ、とか?」

「素晴らしい！」

「おおげさです。笑」

「醤油とトンコツ。これは、先ほどの麺や具などの構成要素というよりは、比較するための異なる種類、と言ったほうがしっくりきませんか？」

「きますね」

「たしか水曜日だったと思います。練習の内容を考えたとき。自分たちだけでできる練習と、専門家の指導が必要な練習。この2つは、対比の関係にありますよね」

「たしかに」

「ボールを触る練習。ボールに触らない練習。これも……」

	自分たちだけでできる	自分たちだけではできない
ボールを触るスキル		・シュート ・ドリブル ・ヘディング ・トラップ ・パス回し
ボールを触らないスキル	・走るスピード ・持久力	・相手のマークを外す

「対比ですね！」

「あのとき、2×2＝4の形をした簡単な絵を作りました。覚えていますか？」

「覚えてます！」

「あれは、対比を2回して作っているんです」

「そっか！　そういえば、昨日の奈々の彼氏問題もそうですね！」

「と、言いますと?」

「彼氏が応援に来る、来ない。それから勝つ、負ける」

「その通りです。あれもまったく同じ視点で『比較のわける』をしています。結果として4つにわけましたよね」

「ほんとですね!」

「もし『比較のわける』をしたいときは、自分自身にこう問いかけるといいですよ。

『どんな比較ができますか?』」

「さっきサンドロさんが私に聞いた質問と同じですね」

「はい。私は、何かを考えるとき、何でできているかを明らかにしたいのか、異なるものを比較したいのか、どちらなのかをハッキリさせるんです」

「なるほど」

「少しカタい表現をすれば、目的をハッキリさせるんです。**要素分解することなのか、比較することなのかがハッキリすれば、適切な〝わける〟が自然にできるはずです**」

「出た、目的」

「はい。大事です。まさにいま私は〝わける〟を2つにわけたことになります」

「あ！　そうか！」

「今回は『要素のわける』ですね。〝わける〟は何でできているかを考えたわけです」

「確かに」

「アヤさんからメッセージをもらったとき、私は〝わける〟をテーマに何かを比較したいわけではなく、〝わける〟の中身を明らかにしてアヤさんに伝えたいと思いました。つまり、目的が決まったから、『要素のわける』を選んで「要素分解」と「比較」の2つでできていることをお伝えしたのです」

「麺とスープと具、ですね」

「そうです。どうでしょう。お答えになっていますか？」

「はい！　とりあえずスッキリしました。ラーメンの話でピンときた感じです」

「よかったです」

「あ、それからついでに、もうひとつ質問してもいいですか？」

「ええ、どうぞ」

「なんで〝絵〟って言うんですか？　ずっと気になっていました」

「それは初めて指摘されました。確かにそうですね」

「どうしても気になって」

「私なりの捉え方です。アヤさん、私が練習場所を教室にした理由、わかりますか？」

「ボールも身体も使わない練習だから？」

「もちろんそれもあります。でももっと重要な理由があります」

「なんですか？」

「黒板があるからです」

「え？」

「皆さんと一緒にやってきたことって、黒板がなかったら難しかったと思うんですよ」

「たしかに」

「**人間はちゃんと考えるとき、物理的に余白があったほうがいいのです。**頭の中だけでは、かなりしんどいと思います。どうしても描くスペースがほしかったのです」

「スペース、ですか」

「そして私たちは、ただ文章を書いていたわけではなく、〝考えるプロセスを視覚化していた〟といったほうが、表現として近いと思いませんか。**〝書く〟というよりは〝描く〟イメージ。**だから私は〝絵〟という表現をしているんです。伝わりますか？」

「はい。なんとなく」

「アヤさんも、これから考える場面になったら、物理的な余白を常に意識して持つようにするといいかもしれません」

「ノートとか、ですか？」

「はい。ノートでもタブレットのアプリでも、なんでもいいと思います。ただじっと頭を回転させようとするのではなく、余白に絵を描きながら進めるんです」

「わかりました！　いろいろとありがとうございます」

「いえいえ、こちらこそ」

「みんなで決めたこと、月曜日からやってみますね」

「はい。頑張ってください！」

「たまには練習、観にきてください⚽」

「ええ、もちろん」

「じゃあまた」

第3章

「考える」の先にある宝物

11 秋晴れのキックオフ

正月に開催される全日本高等学校女子サッカー選手権大会は、女子高校サッカー最高の晴れ舞台だ。秋に各地方で予選を行い、勝ち残ったチームが本大会で頂点を争う。

10月某日。秋晴れの空の下、蘭和女学院サッカー部の初戦が始まろうとしていた。グラウンドでは両チームが円陣を組み、主審はその輪が解けるのを待っている。

この数ヶ月、部員たちは決めたことを実直にやり続けた。長距離ラン。短距離ラン。ドリブル。セットプレー。決めたことをとにかく徹底的に練習し続けてきた。ずっとこの日のために頑張ってきたのだ。

勝ち負けなんてどうでもいい。やりたいことを楽しく、ほどほどに、力を抜いてやればいい。必死になるなんてダサい。かつては、そう自分に言い聞かせてきた。でも、これまでの人生で今ほど「勝ちたい」と思ったことはない。一度でいい。この仲間と勝った喜びを味わいたい。円陣の中で、アヤはあらためて仲間にそのことを伝えた。

力強い掛け声とともに試合前の静けさが打ち破られ、円陣が解かれた。アヤはベンチのほうに目を向ける。蘭和女学院のベンチ前には、およそ２００名のサポーターが駆けつけていた。相手の山手が丘高校側のベンチには、選手の両親らしき人々を除いてほとんど観客はいない。相手から「なにごと？」という視線が向けられている。

もともと目標は１００名だった。しかし、本気で１勝を目指すと宣言し、練習内容と目の色が変わったサッカー部が学内で話題になり、生徒たちが集客に協力してくれたのだ。特に積極的になってくれたのは他の部活のキャプテンたちだった。弱小サッカー部をバカにしていた部活ほど協力してくれた。

客席にはアヤの父親、慎二もいる。母の悦子とその友達、奈々の彼氏である駿太も来てくれた。そして、まるで隠れるかのようにいちばん端にサンドロが座っている。

サンドロは、「ベンチに入ってほしい」と部員たちから求められたが丁重に断った。ここはグラウンドであり、サッカーという競技の場。自分がいれば、選手たちは自分を監督のように頼ってしまうかもしれない。あくまで自分は脇役であり主役は選手。どんな状況になろうと、最後まで自分たちだけで戦って勝ってほしいと思ったからだ。

主審の笛が鳴り、対戦相手である山手が丘高校のキックオフで試合が始まる。

山手が丘は、前回の対戦と同じように流れるパスワークで試合の主導権を握る。しかし、蘭和女学院はその展開を予想していた。短距離ランで鍛えた瞬発力で相手のパスにプレッシャーをかける。前後半40分ハーフの後半にバテないよう、徹底的に長距離ランをやったことも自信につながり、序盤から全員での積極的なプレスを可能にしていた。

技術で勝る山手が丘がゴールに襲いかかる。そんな中、活躍したのが2年生ゴールキーパーの紗耶香だった。ゴールキーパーへのポジション変更を「走りまわるのは嫌だからラッキー」と受け容れたとは思えないほど奇跡的なセービングを連発し、圧倒的に主導権を握られながらも、前半０－０のスコアレスで折り返すこととなった。

後半になっても、試合のペースは変わらなかった。センターバックで奮闘する里佳子もさすがに疲労の色が出始め、ボランチのアヤも守備に忙殺されるばかりで、攻撃の糸口すらつかむことができずにいた。

後半25分。ついに均衡が破れた。相手のセンターフォワードがサイドに流れてボールを受ける。里佳子がプレッシャーをかけに行くが、それがゴール前にスペースを作ることになった。そこに山手が丘のエースプレイヤーが走りこみ、センターフォワードがタイミングを測って横パスを出す。「やば！」と里佳子が叫んだ瞬間、打たれたシュートがゴールネットを揺らした。

スコア「０－１」で残り15分。これまでの試合展開から考えると、かなり厳しい状況に追い込まれた。アヤが声を出した。

「変えないよ！　このまま続けよう！」

部員たちはうなずき、仲間どうしでアイコンタクトをとる。今さらここで何かを変えることはできない。自分たちがこれまで納得してやってきたことを最後までやるだけ。客席から大きな声援が聞こえてくる。このまま集中力が切れて無様に失点を重ねるゲームをするわけにはいかない。応援してくれている人たちのためにも、何より自分たちのために、ここでゲームを捨てるわけにはいかない。グラウンドとベンチの部員全員がそう思っていた。

試合が再開されると、またすぐにボールを奪われ押し込まれる時間帯が続く。どうにかして得点の機会を作りたい。そんな中、センターサークル付近で絵美がボールを拾った。パスの出所を探す。「違う、そうじゃない」そう思ったアヤは、絵美に向かって大声で叫ぶ。

「絵美ー！　自分で持ってけー!!」

絵美がハッとし、すぐにドリブルを始める。決して鮮やかではないが、ボールを奪われそうで奪われない。相手のディフェンダーに強引にぶつかりながらも、ボールは確実に相手ゴール付近に運ばれていく。さらにドリブルを仕掛ける絵美。たまらず相手が足を出し、その足に当たったボールがゴールラインを割る。後半32分。蘭和女学院がこの試合で初めてコーナーキックのチャンスを得た。

チーム全員が「ここだ」と思っていた。追いつくならここしかない。アヤをキッカーにして何度も練習してきたコーナーキック。練習通りにやれば、きっとうまく行く。ゴール前に密集する両チームの選手。アヤが助走を始める。ニアサイドへの早いボールだ。このままだと相手ゴールキーパーがそのままキャッチしてしまいそうだった。

そこに小柄な絵美が飛び込む。たまらず相手ディフェンダーも身体を寄せる。しかし絵美はヘディングすることなくそのまま後ろへスルーした。虚を突かれた相手ゴールキーパーは、うまくキャッチできず後ろ側へボールをこぼす。
そこに頭から飛び込んできたのは奈々だった。あわてて身体を寄せる相手ディフェンダーよりも頭ひとつ前に出ていた。何度も練習したヘディング。無我夢中でボールを頭に当てた。身体ごとゴールに飛び込む。

「ボールは!?」

起き上がる奈々の目に映ったのは、ゴールネットに優しく寄り添うボールだった。
同点。仲間が拳を上げて駆け寄る。泥で汚れた顔。擦り剝き血がにじむ膝。
客席に駿太がいることも忘れ、奈々は「うおおおお！」と叫んだ。

12　決着

このままスコア「1－1」のまま前後半が終われば、規定によりPK（ペナルティキック）戦に突入する。PK戦は、運に左右される向きが強い。つまりジャンケンやくじで勝敗を決めることに近いとも言える。実力で勝る山手が丘は、なんとしてもPK戦は避けたく、さらなる猛攻を仕掛けてきた。

80分間ずっとプレスをかけ続けることは至難の技だ。長距離ランで鍛えた体力もさすがに限界に近づいてきた。センターバックの里佳子を中心に、最終ラインで危機をギリギリ回避するプレーが続く。

いつゴールを割られてもおかしくない時間帯が続き、ついに時計は後半40分を経過してアディショナルタイムの1分を残すのみになった。会場の誰もが「このままPK戦」か「試合終了間際の山手が丘劇的決勝ゴール」のいずれかだと思っていた。

しかし、蘭和女学院の選手たちは、違うことを考えていた。
相手は長時間猛攻を仕掛けてきているせいで、ディフェンダーの人数が少ない。
そして、その裏にポッカリとスペースが空いている。
もしかしたら、カウンター攻撃であとワンチャンス作れるかもしれない。
全員がそう思っていた。

ゴール前のこぼれ球にいち早く対応する里佳子。いまにも足が痙攣を起こしそうだったが、はるか前方のセンターサークル付近で動き出そうとする奈々の姿が見えた。「もしかしたら」を信じ、大きくボールを蹴り出した。

そのボールを奈々が相手ディフェンダーと競り合う。相手の圧力に負けて倒れそうになるが、身体が大きい奈々が競り勝ちボールを自分の足元に収める。

そしてすぐにトップ下の絵美を探す。ドリブルが苦手な奈々には、ここから自分でボールを運ぶ自信がない。ドリブラーの絵美にボールを預けたい。そこに猛然とダッシュしてくる絵美の顔が見えた。「すげーな、どんだけ体力あんだよ」と思いながら絵美に向けて優しくパスしようとする。

絵美は、走りながら悩んでいた。奈々からのパスを受けたあとどうするか。自分でドリブルを始めるか、それとも。

次の瞬間、山手ヶ丘のセンターバックがものすごいスピードでボールを奪いにきているのが見えた。技術もあり、フィジカルも強い選手だ。ドリブルで勝負したら勝てない相手だ。どうする。奈々からのボールが目前に迫った。

その瞬間、絵美にある記憶がフラッシュバックした。

バレーボール部でセッターをしていたときの経験だ。

どこにボールを配給するのが最も成功確率が高いか。ふんわりした球がいいか、クイックがいいか、瞬時に判断しトスを上げる。

奈々からのパスに触れる瞬間、「あんたならきっとそこにいるよね」と思いながら絵美は、ドリブルではなくダイレクトでボールを斜め前に蹴り出した。バレーボールのトスのようなふんわりした軌道で。

絵美と走りこんできた相手のセンターバックが接触し、二人とも倒れこむ。空いた後ろのスペースにボールがワンバウンドする。誰もいない。これで試合終了か。絵美がそう思った瞬間、さらに背後から全力疾走でボールを追いかけていく選手がいた。

アヤだった。ボールはペナルティエリアの10メートルほど手前を転々とし、相手ゴールキーパーは飛び出すかどうか躊躇している。アヤがボールを持てばビッグチャンスになる。倒れた絵美は、走るアヤの背中に向かって叫ぼうとしたが、それより早く客席から聞き覚えのない男の声が聞こえた。

「いけぇぇぇぇ!!」

客席でずっと黙って観ていた慎二だ。立ち上がり、娘に向かって叫んでいた。その隣で悦子が泣いている。

残り30秒。間違いなくこれがラストプレーだ。それはアヤにもわかっていた。転がるボールに追いつくが、すぐ後ろに相手ディフェンダーが迫ってきている。

シュートコースを狭めようとゴールキーパーが前に飛び出してきた。接触する直前、アヤは右足のアウトサイドにボールを当ててゴールキーパーをかわす。あとはボールをゴールに押し込むだけだ。

しかし次の瞬間、追いかけてきた選手が後方から必死のディフェンスをしてくる。不運にもその足がアヤを引っかけ、倒れるアヤ。反則だ。相手も覚悟の表情を浮かべる。主審の指は、山手が丘ゴール前のペナルティスポットを指した。

「！」

客席に歓声が沸き起こる。蘭和女学院にＰＫが与えられた。疲労困憊の選手たちが一斉にアヤのもとに駆け寄る。アヤはすぐに里佳子を呼んだ。

「里佳子、ＰＫお願いできる？」
「え？　ＰＫはアヤが蹴るって決めてたじゃん！」
「うん。でも、里佳子に蹴ってほしいの」
「なんで？」

他の選手たちは二人の会話を見守っていた。

「この3年間、いちばんシュートを決めたかったのは里佳子だよね。でも、この最後の大会で、里佳子はいちばんやりたくないポジションで頑張ってくれた」
「……」

「誰がこのPKを蹴るのにふさわしいかってことだよ」

「アヤ」

「いちばんシュートを決めることに飢えていた人が蹴るべきだよ。それで失敗しても、結果として私たちが負けたとしても、悔いはないよ」


里佳子の目が滲む。里佳子はボールを拾い上げ、ペナルティスポットにボールを置く。5歩、6歩と助走距離をとる。

いつも満たされずイライラしていたこと。テニス部で陰湿なイジメにあって絶望した記憶が蘇るが、すぐに目の前のボールに意識を集中させる。

「みんな、ありがとう」と心の中でつぶやき、3年分の想いを乗せて、里佳子は思いっきりボールを蹴った。ポニーテールが揺れ、そしてゴールネットが揺れた。


選手たちが一目散にベンチへ走り出す。歓喜の輪だ。誰にも試合終了の笛が聞こえなかった。この瞬間をずっと待っていた。それは、単に考えただけで終わることなく、納得したその結論を信じて行動し、勝ちたくて勝負した人だけが手にできる宝物だった。

13 サンドロは何を教えたのか？

あの熱戦から1ヶ月が経った。後半アディショナルタイムの劇的な逆転劇により初の勝利を手にした蘭和女学院サッカー部は、残念ながら次戦で惜敗した。3年生は部活を引退し、数ヶ月後に控える大学受験に向けて頭を切り替え各々が過ごしていた。

サンドロとは、最後に負けた試合の後にメッセージでお礼を伝えて以来、連絡を取っていなかった。

サンドロは、一体、何を教えてくれたのだろうか。アヤは参考書を買いに書店にいた。大学受験コーナーで数冊を手に取り、パラパラとめくる。どれもいまいちピンとこない。手ぶらで店を出ようと出口に向かう途中、ビジネス書のあるコーナーで立ち止まった。

「思考法」という棚だった。スーツ姿の男性が立ち読みしている。

アヤは、なんとなく並んでいる書籍をざっと眺めた。どれも難しそうだ。大学に入って就職して仕事をするようになっても、勉強を続けることになるのだろうか。試しに1冊、パラパラとめくってみる。細かい文字でギッシリ埋まっていた。

とても読みたいとは思えなかったが、あるページで手が止まった。またパラパラめくる。またあるページで手が止まる。アヤは別の本も手にとってみた。やっぱりあるページでは手が止まる。アヤは、図版が描かれたページで手を止めていた。いくつかの塊にわかれた図版。矢印が使われている図版。それらが組み合わされている図版。

「これって、つまり本文の内容を絵で表現しているってこと?」

それらの図版は、おそらく本文を解説するため、わかりやすく伝えるための機能なのだろうと思った。

「わける」と「つなぐ」だけでいい。サンドロはそう言った。その言葉は本当だったのかもしれない。大人も、「わける」と「つなぐ」を使って考えているのかもしれない。

アヤはそう思いながら書店を出て、家に戻った。

フレームワークと「わける」と「つなぐ」

同じ頃、サンドロは仕事で北海道にいた。ある企業が主催する社内講演会にスピーカーとして招かれていたのだ。盛況だった講演会場を後にし、札幌の駅前にある小さなカフェで、単身赴任中の慎二と再会した。


「サンドロさん、今回は、本当にありがとうございました」

「夏目さん、こちらこそ貴重な機会をいただきました。ありがとうございます」

「アヤにとって、いい経験になったでしょう」

「とても素敵なお嬢さんですね」


慎二は微笑み、オレンジジュースをひと口飲んで言った。

「いま思えば、ウチの会社の研修会に来ていただいたのがあなたでよかった」

「どういうことですか?」

「私は、ずっと大事だと思っていたんです。自分で考え、自分で答えを出すことが。我々ビジネスパーソンもそうだし、アヤのような子どもでも同じだと」

「はい」

「いろんな専門家の話を聞きました。本も読みました。でもどれもしっくりこなかったんです。考えることが得意な人がやっていることを表層的に解説しているだけで」

「……」

「私が知りたかったのは、**自分で考えることのできない人は、どうすればできるようになるのか**、です。あなたが初めてでした。平易な言葉で、シンプルに、どうすれば考えることができるのかを伝えてくれたのは」

「そう言っていただけると、うれしいです」

サンドロもコーヒーをすする。

「ところで、サンドロさんは、どうやって今の指導法にたどり着いたんですか？」

「教育的な観点で、コンサルタントが使う横文字が機能的ではないからです」

「横文字？」

「ロジックツリー、ピラミッドストラクチャー、マトリクス、ＳＷＯＴ、とか、いわゆるフレームワークと呼ばれるものです」

「なぜ嫌いだったのですか」

「フレームワークは、その名前を覚えても、使い方を教えてもらっても、実際にはほとんど使えないからです」

「……使えない？」

「このツールはこういう場面で使えます、という説明をされると、『では、教えてもらったツールが役立たないケースではどうすればいいのか』という思考になります」

「なるほど」

「ビジネスセミナーや書籍などで紹介される事例は、あくまで、その人がそのフレームワークを使って実際にやった結果、たまたまうまくいったケースの紹介ですから」

「その事例が、他のケースでそのまま当てはまるとは限らないということですか？」

「そうです。だから私は、**ツールの使い方ではなく、どんな場面においても共通する『行為』を身体で覚えてもらうほうがいい、**と考えました」

「それが、わけるとつなぐ、なんですね」

「はい。たとえば経営戦略やマーケティングで使われるＳＷＯＴ分析という手法があります」

「戦略を４つにわけて考えるための方法ですよね」

「私は、４つにわけられたあの図を知識として教えるのではなく、何も知識がなくても内部と外部にわけることができ、ポジティブとネガティブにわけることができる思考回路を持つことが重要だと思うんです。**結果的にＳＷＯＴ分析と呼ばれる行為をしていた、という状態**が理想なのではないかと。難しい用語は使わなくてもいいんです」

「確かに、サンドロさんはウチの会社の研修でも専門用語を一切使わなかった」

「わざわざ伝わりにくい用語を使う必要はありませんから」


窓ガラス越しに、北風に煽られ、歩道を滑るように転がっていく枯れ葉が見える。まもなく北海道に長い冬がやってくる。

「サンドロさん、ちょっと見てもらいたいものがあるんです」
「はい、なんでしょう?」

慎二は鞄から1冊のノートを取り出し、サンドロに手渡す。

「サンドロさんの研修を受けてから、今まで読んだビジネス書や参加したセミナーの資料を読み返してみたんです。見え方が変わっていたんです」
「見え方、ですか?」
「はい。ビジネスで使う思考って、本当に〝わける〟と〝つなぐ〟しかしていないのかもしれないと思ったんです」

慎二は、カバンからノートを取り出した。
そこには、慎二が自ら手書きで記した、ビジネスに必要な頭の使い方が書かれていた。

「サンドロさん、ちょっと、これを見ていただけますか?」

マンダラート
（マンダラチャート）

思考を整理する技法。仏教の曼荼羅（マンダラ）模様のようなマス目を作り、そのマス目1つひとつにアイデアを書き込むことで、アイデアの整理や拡大などを図り、思考を深めるツール。プロ野球選手の大谷翔平が、高校時代にマンダラートを使って目標を整理していたことが知られている。

次のような手順で行う。

① 縦3つ×横3つ、合計9つのマス目を書く
② 中心のマス目に、思考や発想を深めたい課題を書き込む
③ 課題を書いたマス目の周りのマスに、課題に関連した語句を思いつくまま記入する
④ 9マスすべてを埋めたら、課題以外の8マスの中から1マス選び、その語句を、別に用意したマンダラートの中心のマスに転記する
⑤ 新しいマンダラートについて、③を繰り返す

大きな目的を達成するための「曖昧な概念」を、「わけるとつなぐ」で「小さな行動」に落とし込める。

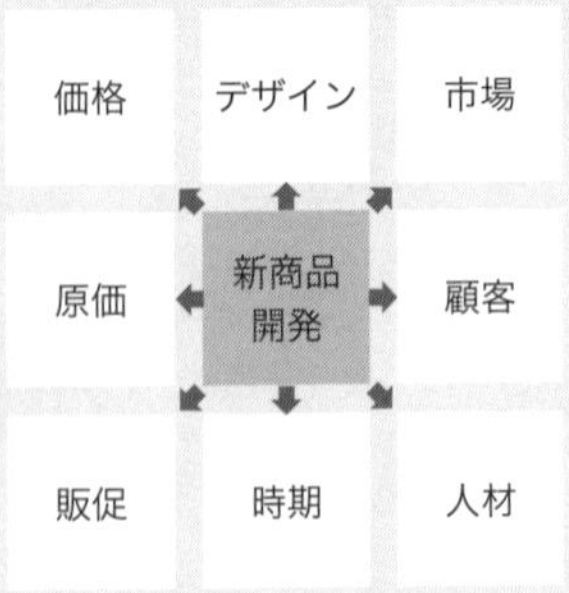

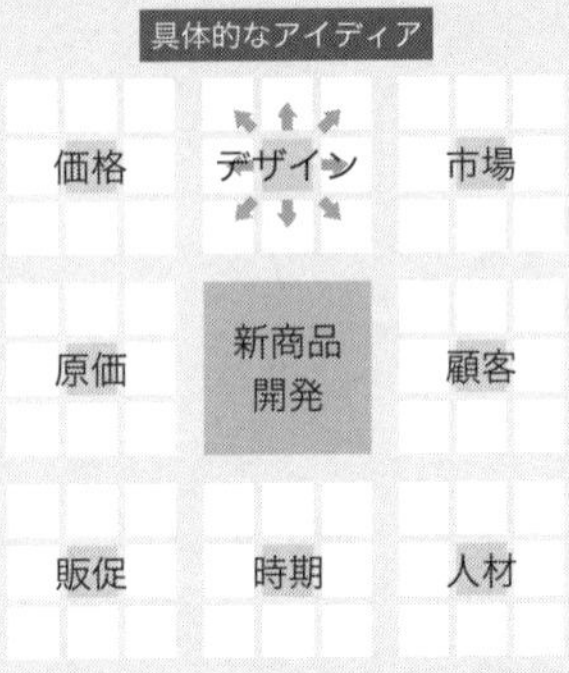

「わける」と「つなぐ」

目的：思考を整理して行動を決めたいとき

・ある目的を達成するための行動を整理したい

⬇

・「自分の考えるべきこと」は何でできているか？

⬇

・具体的な項目８つに分類する **(要素のわける)**

⬇

・さらに **(つなぐ)**

⬇

・各々を具体的な項目８つに分類する **(要素のわける)**

⬇

・さらに **(つなぐ)**

⬇

・・・・・・・

自分が具体的にイメージできる粒度になるまでこれを続ける。

(例) 幸せな人生を送りたい。いったいどうすれば？

SWOT分析

的確な意思決定をするための戦略計画ツール。
「SWOT」とは、以下の４つの要素を指す。

Strength　　(強み)：目標達成に貢献する組織（個人）の特質。
Weakness　(弱み)：目標達成の障害となる組織（個人）の特質。
Opportunity (機会)：目標達成に貢献する外部の特質。
Threat　　　(脅威)：目標達成の障害となる外部の特質。

意思決定者は、SWOTを元に目標が達成可能であるかを判断する。達成不可能であると判断した場合は、別の目標を元に再度SWOT分析をやり直す。達成可能であると判断した場合、以下の質問への回答を考えることで、創造的な戦略につなげることができるとされる。

・どのように強みを活かすか？
・どのように弱みを克服するか？
・どのように機会を利用するか？
・どのように脅威を取り除く、または脅威から身を守るか？

	ポジティブ	ネガティブ
内部環境	**強み** Strength **S**	**弱み** Weakness **W**
外部環境	**機会** Opportunity **O**	**脅威** Threat **T**

「わける」と「つなぐ」

目的：市場で勝つための戦略を決める

・勝つための戦略を考えたい

↓

・まず環境を知ることから始める

↓

・そもそも環境とは何でできているか？

↓

「内部環境」と「外部環境」に分類できる **(要素のわける)**

↓

さらに **(つなぐ)**

↓

それぞれにおいて、どんな比較ができるか？

↓

「ポジティブ」と「ネガティブ」　に分類できる **(比較のわける)**

↓

結果、４つの要素にわけることができる

↓

4つそれぞれの戦略を立てる

(例) 思い切って起業したい。勝算はあるか？

ロジックツリー

ある問題を解決する方法を探るための論理を、ツリー状に構成していくツール。表層に見えている問題から、真の問題を特定するために役に立つ。

ロジックツリーを広く深く構成すると、問題の全体像が明確になる。全体像が把握できると、一度決めた案がダメになっても、別の案をすぐに検討できるメリットがある。また、広く検討した上での最善の結論であるということが示せるため、交渉やプレゼンでの説得力が増す。

ロジックツリーには、主に3つの目的がある。

- **原因分析型**……問題の原因となっているものを分解し、根本的な原因を突き止めるために使われる。
- **問題解決型**……問題に対してどのようなアプローチで解決するかを考えるために使われる。
- **構造把握型**……物事の構造を把握する際に使われる。

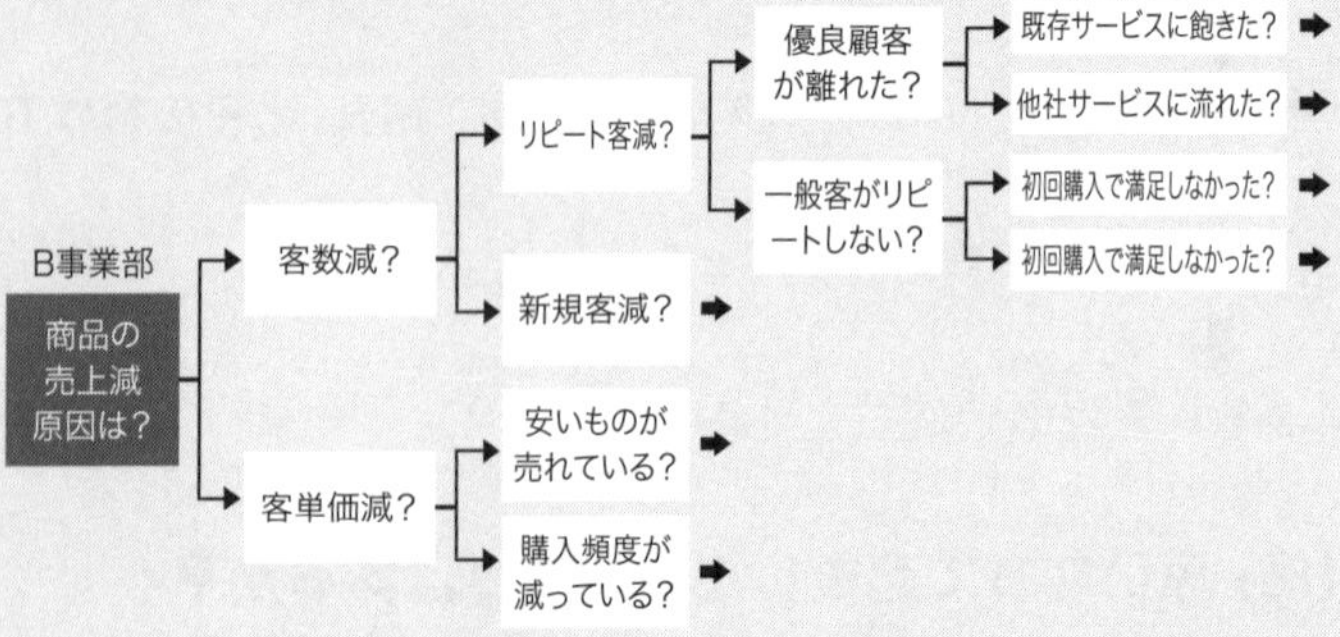

「わける」と「つなぐ」

目的：問題を解決する方法を決める

・表面的な問題Aに対し、本当に解決すべき真の問題Bを特定したい

⬇

・まずA の原因は、何でできているか？

⬇

・細かく分類する **(要素のわける)**

⬇

・ということは **(つなぐ)**

⬇

・分類したそれぞれは、何でできているか？

⬇

・細かく分類する **(要素のわける)**

⬇

・ということは **(つなぐ)**

⬇

以上を、要素を分解できなくなるまで続ける

(例) 職場の人間関係がつらい。根本的な原因は何？

演繹的推論

一般的・普遍的な前提から、個別的・特殊的な結論を得るための方法。
演繹的推論の代表に、例えば次のような「三段論法」がある。

人は死ぬ→ピタゴラスは人である→ピタゴラスは人であるから死ぬ
→ ピタゴラスは死ぬ

「人は必ず死ぬ」という大前提と「ピタゴラスは人である」という小前提から、「ピタゴラスは必ず死ぬ」という結論を導き出す。このように２つの前提から結論を導き出す演繹を三段論法という。

演繹的推論においては、前提が真であれば、結論も真となる。
演繹による必然性は、前提には依存しておらず、前提を仮に認めるとすれば、必然的に結論が導かれるという形になってあらわれる。

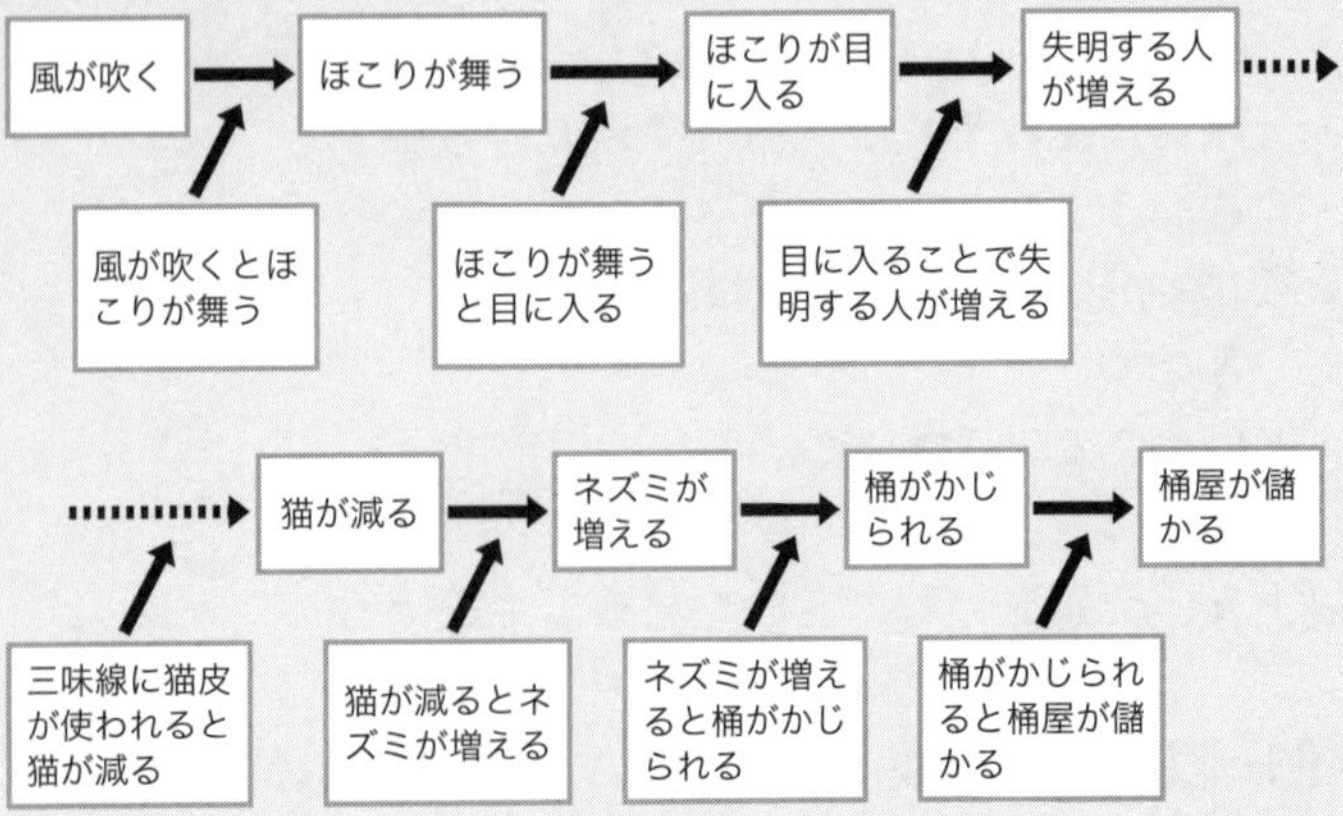

「わける」と「つなぐ」

目的：原因と結果の関係を明らかにしたい

・起こった事実の因果関係（原因と結果の関係）を明らかにしたい

⬇

・「Aが原因でBが起こる」という関係のAとBを提示する

⬇

・さらに**（つなぐ）**

⬇

・「Bが原因でCが起こる」という関係のBとCを決める

⬇

・ゆえに**（つなぐ）**

⬇

・「Aが原因でCが起こる」という結論を導く

（例）なぜ社員研修をすることで会社の業績がUPするのか、社長が納得する説明をしたい

帰納的推論
（ピラミッドストラクチャー）

個別的・特殊な事例から一般的・普遍的な規則や法則を見出そうとする推論の方法。演繹においては、前提が真であれば結論も真であるが、帰納においては、前提が真であるからといって結論が真であることは保証されない。そのため、一般的に、帰納はあくまでも確率・確度といった「蓋然性」の導出に留まる。

人であるピタゴラス→死んだ　人であるフェルマー→死んだ
人であるオイラー→死んだ

⬇

人はすべて死ぬ

「人であるピタゴラスは死んだ。人であるフェルマーは死んだ。人であるオイラーは死んだ。したがって人は全て死ぬ」。つまり、帰納は一般化に基づく。
このように、帰納とは、個別的・特殊な事実の多さから、結論がどのくらい確からしいものかを導くための推理といえる。

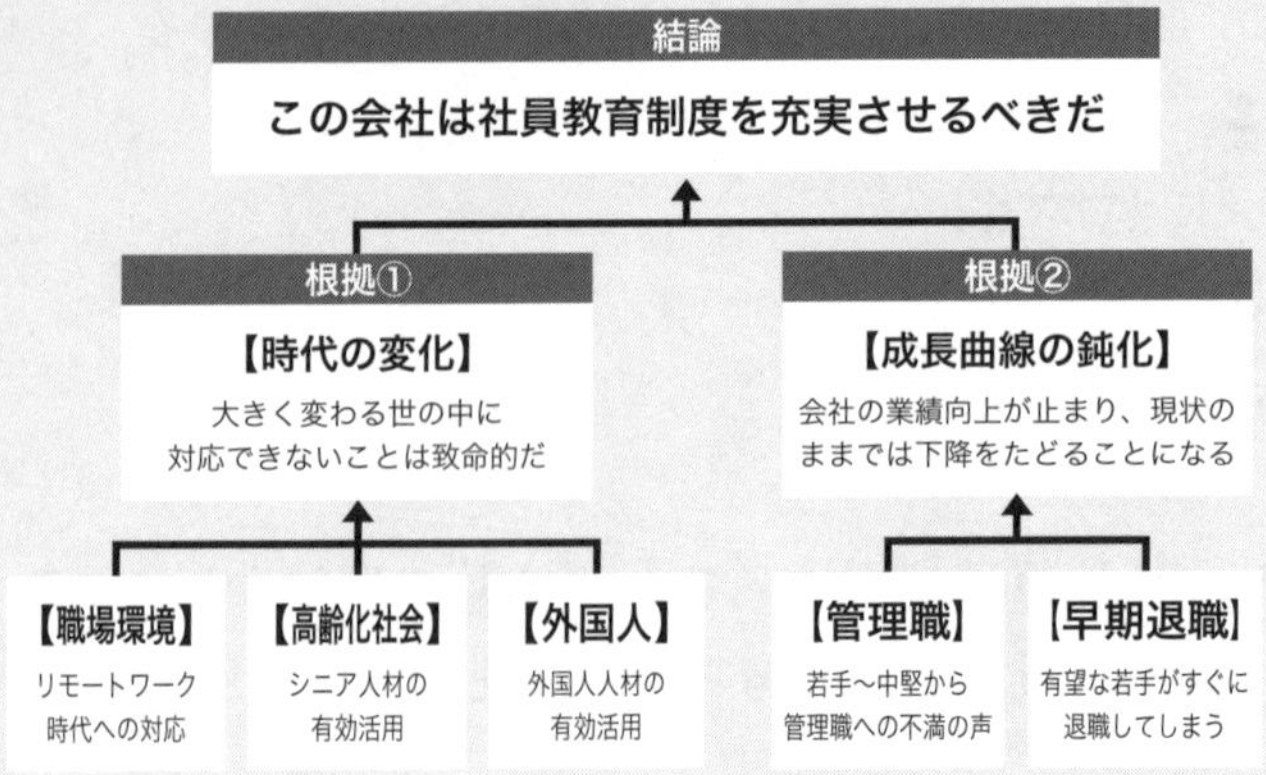

「わける」と「つなぐ」

目的：起こっている複数の事象からある結論を導く

・起こっている様々な事実を分類する **(要素のわける)**

⬇

・ゆえに **(つなぐ)**

⬇

・結論を導く

⬇

・ゆえに **(つなぐ)**

⬇

・結論を導く

⬇

……

⬇

最終的な結論になるまで繰り返す

(例) 就活でエントリーシートを書いているが、志望動機がうまくまとまらない……

PDCAサイクル

Plan（計画）・Do（実行）・Check（評価）・Action（改善）を繰り返すことによって、生産管理や品質管理などの管理業務を継続的に改善していく手法。

Plan：計画する
目標を設定し、業務計画を作成する段階。解決したい問題や利用したい機会を見つける。そして目標における情報を収集し、解決策を考え、計画を立てる。

Do：実行する
「P」で立てた計画を実際にやってみる段階。問題を解決するための方法を見つけたら、少しずつ試す。試す際に、その方法が有効だったか否かを記録しておき、次の「C」に活かす。

Check：評価する
計画に沿って実行できたかを評価する段階。「D」で試した解決策の結果を、「P」と比較して分析し、解決策が有効だったかどうかを評価する。

Action：改善する
実施結果を検討し、業務改善を実行する段階。

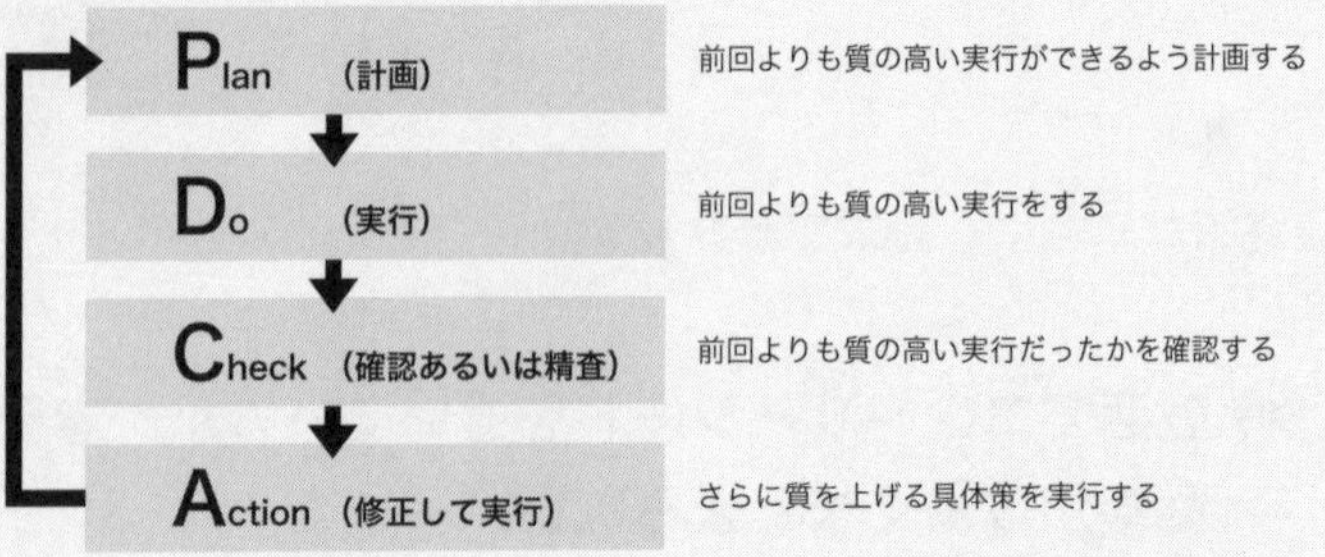

Plan（計画）
前回よりも質の高い実行ができるよう計画する
Do（実行）
前回よりも質の高い実行をする
Check（確認あるいは精査）
前回よりも質の高い実行だったかを確認する
Action（修正して実行）
さらに質を上げる具体策を実行する

「わける」と「つなぐ」

目的：物事を改善したいとき

・あることを改善したい
⬇
・「改善するプロセス」とは、何でできているか？
⬇
・改善するためのプロセスをPlan（計画）・Do（実行）・Check（評価）・Action（改善）の4つに分類する **（要素のわける）**
⬇
・Plan（計画）
⬇
・そして **（つなぐ）**
⬇
・Do（実行）
⬇
・そして **（つなぐ）**
⬇
・Check（評価）
⬇
・そして **（つなぐ）**
⬇
・Action（改善）
⬇
・そして **（つなぐ）**
⬇
・Plan（計画）
⬇
……
４つの要素がサイクルのようにひとつの塊となる

（例）仲良くなりたい人がいる。どうアプローチしようか？

意思決定マトリクス

複数の選択肢を評価し、選択するための方法。「アイデアの選択肢×評価軸」のマトリクスが一般的なスタイル。

1　左側の列に「選択肢」を、上部の行に「評価項目」を記入し、マトリクスを作る
それぞれの評価項目ごとに「重み」を付加する。なお、この評価項目の数と種類については、自分たちが優先したい項目を配置する。

2　それぞれのアイデアに対して各項目で点数化する
一般的に、点数の合計が高い選択肢を採用する。

意思決定マトリクスは、あくまでも「意思決定の素材を集める」手法であり、合計点よりも特定の項目で飛び抜けている選択肢を選ぶ場合もある。
意思決定を主観に頼るだけでなく、客観的、多面的な視点から評価できることで、プロセスの透明化にもつながる。

ウェイト（重み）	話題性は？	収益性は？	実現可能性は？	合計
	×3	×2	×1	
プランA	5	3	1	22
プランB	4	4	3	23
プランC	1	2	5	12
プランD	3	5	2	21
プランE	2	1	4	12

「わける」と「つなぐ」

目的：決めたいとき

・ある物事を決めたい

↓

・決めるためにどんな選択肢があるのかを場合分けする**（比較のわける）**

↓

・どんな事柄で評価すべきか検討する
（このテーマにおける「評価」は何でできているか？）

↓

・評価項目を分類する**（要素のわける）**

↓

・「選択肢」と「評価項目」でマトリクスをつくる

↓

・評価を数値化し、それぞれのマスを数字で埋める

↓

・スコアを元に意思決定する

（例）この案件は、どの取引先に依頼すべきか？

ディシジョンツリー

情報を整理・分析しながら樹形図を作り、意思決定に役立てる方法。手順は以下の通り。

1. 問いを書き込む
2. 選択肢を書き込む
3. 選択後に起こりうることを想定し、さらに分岐させる
4. 結果ごとに発生確率とリターンを書き込む
5. 結果ごとの期待値を計算する
6. 選択肢ごとの期待値を計算し、比較する

ディシジョンツリーを作成するには、「ノード（分岐点）」と呼ばれる記号や、確率・期待値の計算などが必要になる。出来事の発生確率とリターンの値さえわかっていれば、どのような意思決定の場面にも適用することができる。根拠のある客観的な判断や、複数の選択肢を論理的に比較・検討するには、最適なツールである。

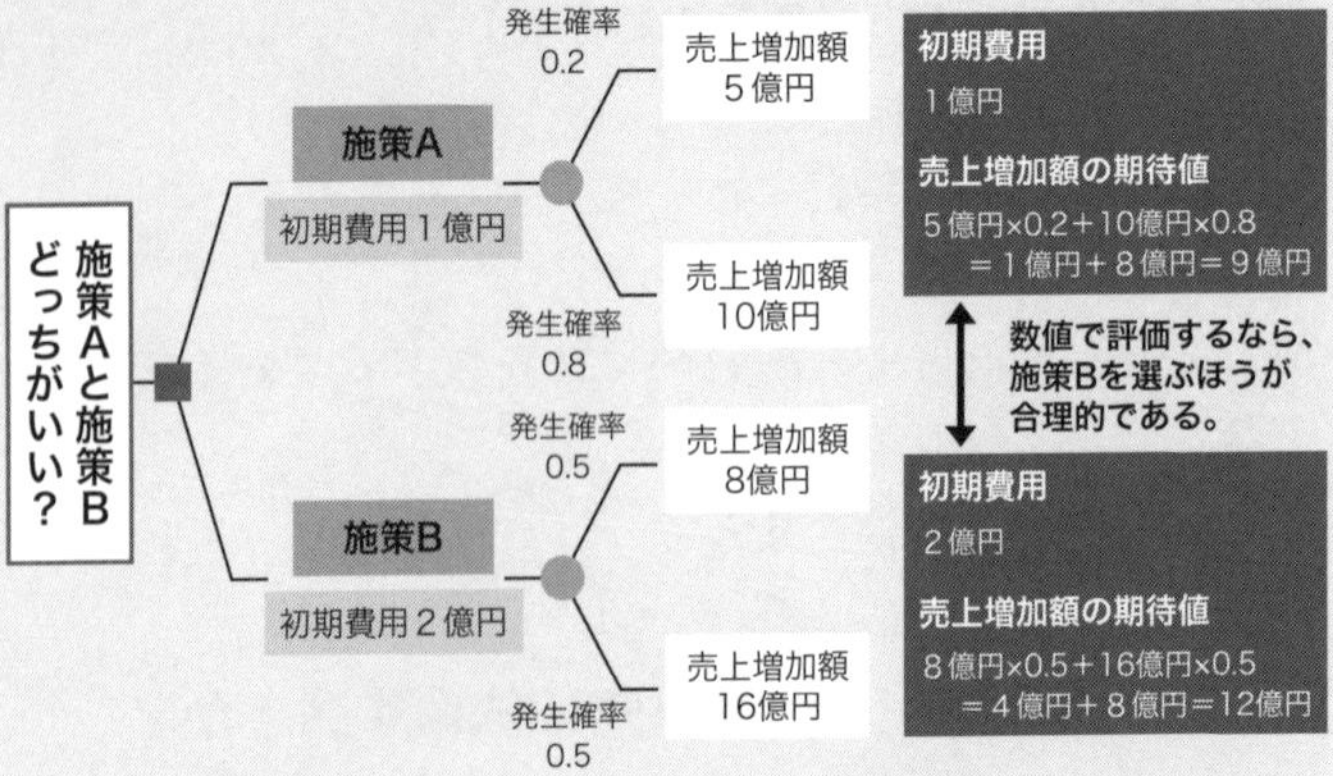

「わける」と「つなぐ」

目的：合理的に決めたいとき

・合理的な判断を下したい
⬇
・まずどんな選択肢があるのかを明らかにする
（どんな比較ができるか？）

⬇
・選択肢を○つに場合分けする **（比較のわける）**
⬇
・それぞれ得られるものAとそれが起こる確率Bを数値で用意する
⬇
・期待値を計算する
⬇
・比較することで合理的な選択をする

（期待値の例）


勝てば100円もらえ、負ければ0円のゲームがある。

このゲームは20円支払うことで参加できる。勝てる確率は10%。

すると、このゲームの期待値は　100円×0.1＋0円×0.9＝10円
平均10円もらえるゲームと解釈できる。それに20円払うということは、そもそも参加者が損をする構造のゲームだと評価できる。

だから、このゲームに「参加しない」と判断した。

（例）「新規事業を始める」と「既存事業をテコ入れする」、どっちが賢い？

「これはすごい」

「プロの方に見せるのはお恥ずかしい限りですが。右側に書いたフレームワークの解説部分は、あくまで一般的なものです。人によって使う用語や解釈が若干異なるようですから」

「そうですね」

「こうして自分なりに整理してみて、あらためて納得したんです。正しい行為さえ身についていれば、ツールの名称など知っている必要はないのだと」

それを聞いたサンドロはスマートフォンを取り出し、ある写真を表示して慎二に見せた。そこに写っていたのは、アヤたちと一緒に教室で行った練習の板書を撮影したものだ。

「見てください。アヤさんたちが黒板に描いた絵です。夏目さんのこのノートに描かれているものとよく似ています」

「本当ですね。中身はもちろん違うけれど、構造が同じだ」

「子どもだろうと大人だろうと、することはきっと同じなんです」

サンドロはスマートフォンをしまい、ノートを慎二に返す。

「夏目さん、今回は私も勉強になりました。〝わける〟と〝つなぐ〟が、困難を突破するときに、いかに人を助けてくれる行為か、最高の事例になったと思っています。これからの私のビジネス研修でも紹介しようと思っています」

「そうですか」

「〝考える〟ことに悩んでいる人たちの希望になると思います」

そこで慎二は、ずっと気にかけていたことをサンドロに尋ねた。

「ところで、サンドロさん、今も、アヤには黙ったままなんですか？」

「え？」

「あなたが、本当は高校時代にサッカー部で全国大会に出場した選手だったことです」

「ああ、はい。お伝えする必要はないでしょう」

慎二は、サンドロにアヤのサポートを依頼する前から、彼がサッカーに精通していることを知っていた。しかしそれをアヤや部員にたち伝えてしまうと、彼女たちは自分たちで考えることをせず、いきなり「答え」をサンドロに求めてしまうかもしれない。そんな懸念を抱いた二人は、部員にそのことだけは明かさないこと、あくまでサッカーについては素人として振る舞い、答えは自分たちで考えるよう導いていくことに決めた。そもそも、慎二がサンドロと親しくなったのは「サッカー」という共通の話題があったことが大きかったのだ。アヤたちの成長を願ってつき通した、ふたりだけが知る小さな嘘だった。

二人は握手を交わし、サンドロが先に店を出ようと席を立つ。

「お仕事、頑張ってください」

「ええ、サンドロさんも」

「さっき、アヤさんと初めてお会いしたときのことをふと思い出しました」

「え？」

「彼女も、オレンジジュースでしたよ」

「わけるとつなぐ」で将来を考える

書店をあとにして自宅に戻ったアヤは、すぐに机に向かった。受験勉強を始めるつもりだったが、今日は違う。買ったばかりのノートを開き、ペンを走らせる。「自分にぴったりな大学はどこ？」という課題を設定し、真っ白なノートを見つめ、アヤは、あの行為を始める。


そういえば考えたことがなかった。

私は、何のために大学に行くのだろう？

そもそも、大学に「行く」と「行かない」という選択肢が2つある。

比較したいから、2つにわけてみよう。

「行かない」という選択肢はあるのだろうか？
「行く」と「行かない」で私の人生にはどんな違いが生まれるだろうか？
行くとしたら、大学に行く目的はなんだろう？
大学に行く目的っていくつにわけられるんだろう？
これは「大学に行くすべての人」を分類する「要素にわける」行為だ。
友達を作るため。
就職のため。
学問を極めるため。
青春を謳歌するため。
他にはあるだろうか？
わけた目的を、もう少し細かくわけることはできるだろうか？
ズバリ見つかったその目的を達成するためには、どの大学がいいんだろう？
その大学に入学する方法は、いくつに分類できるだろう？
今の私なら、その中のどの方法を選ぶべきだろう？
その方法で合格を勝ち取るために、すべきことはなんだろう？

それは、いくつのプロセスにわけられるだろう？
その中のどれが、もっとも重要だろう？

テーマ
自分にピッタリな大学は？

Q.
そもそも・・・私はなぜ大学へ行くか？

↓ そこで

まずは大学に行くことに納得したい

↓ そこで

大学に行く・行かない、
それぞれを
メリット・デメリットにわけて考える

1 / 3 page

		人生への影響	
		メリット	デメリット
大学	行く	人生の選択肢が増える。同世代や先輩との人のつながり。教養や能力がつく。	すでにやりたいことが決まっていたら、「無駄な時間」を過ごすことになる。
	行かない	早く社会人になれる。時間を自由に使える。	人生の選択肢が少なくなる。同世代や先輩とのつながりが作りにくい。遊べない。

Q.

いまの私は「将来やりたいこと」が

すでに決まっている？

↓

NO

ゆえに　　さらに

ぶっちゃけ、早く社会人に
なりたいとも思っていない

2 / 3 page

「大学に行く」という選択をする

↓

ワタシはこの結論に

納得

できる？？

↓

YES

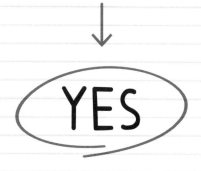

大学に行く目的を
もう少しはっきりさせたい！

↓ そこで

Q.
受験生の「大学に行く目的」は
何でできているか？

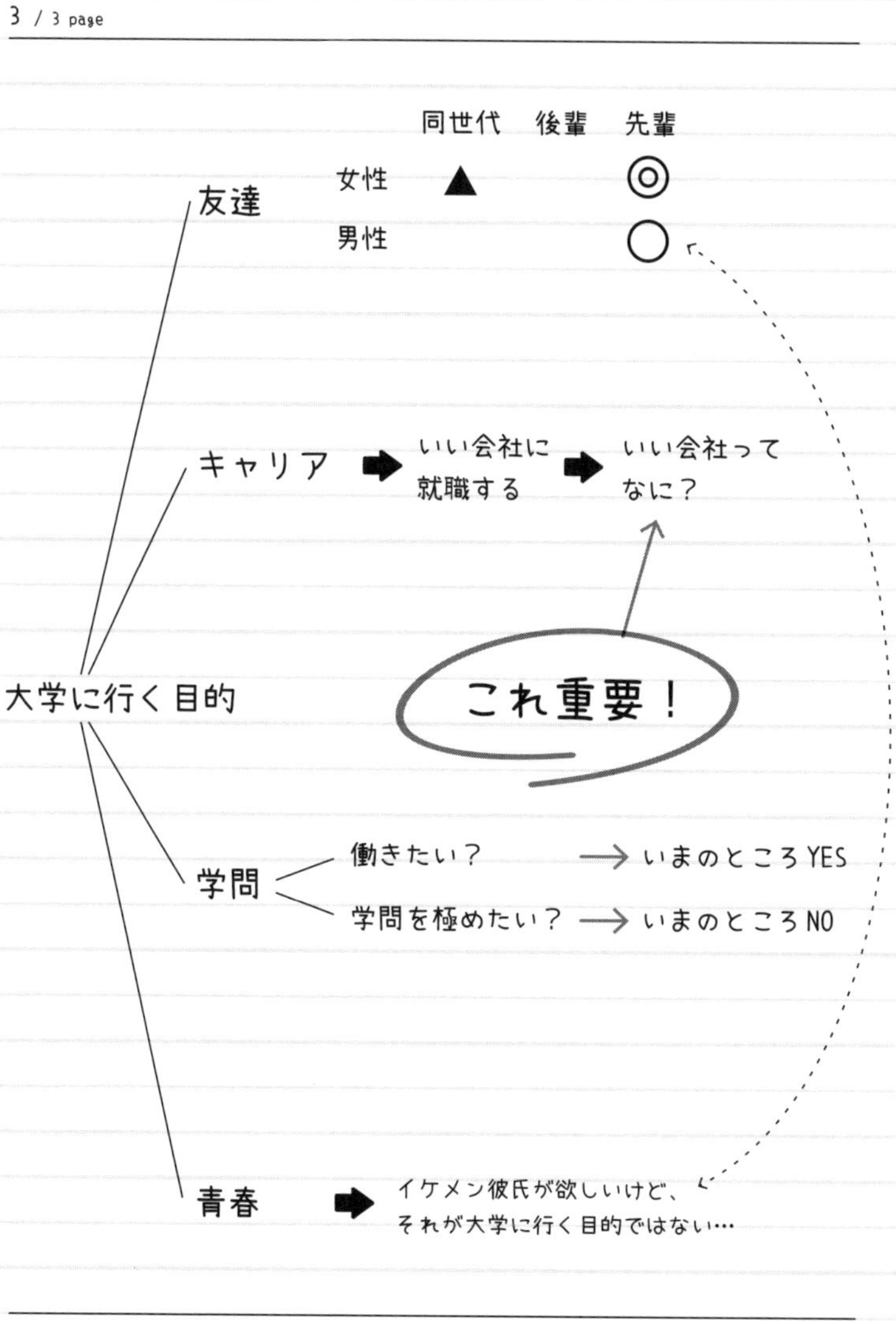
3 / 3 page
大学に行く目的
友達
同世代　後輩　先輩
女性 ▲ ◎
男性 ○
キャリア
いい会社に就職する
いい会社ってなに？
これ重要！
学問
働きたい？ → いまのところYES
学問を極めたい？ → いまのところNO
青春
イケメン彼氏が欲しいけど、
それが大学に行く目的ではない…

真っ白なノートに、絵が描かれていく。
それは、自分の人生を描く絵でもある。
もう少し後になってから、アヤはそのことに気づく。

おことわり
この物語に登場する人物・団体・企業などの名称はすべて架空であり、実在のものとは一切関係はありません。ご了承ください。

［著者］
深沢真太郎（ふかさわ・しんたろう）
1975年神奈川県生まれ。ビジネス数学教育家。BMコンサルティング株式会社代表取締役。一般社団法人日本ビジネス数学協会代表理事。数学を用いた論理的思考力をビジネスに活かす「ビジネス数学教育」の第一人者。日本大学大学院総合基礎科学研究科修了、理学修士（数学）。「ビジネス数学検定」国内初の「1級AAA」（最高ランク）認定者。SMBCコンサルティング株式会社などの大手企業や、早稲田大学、産業能率大学などの教育機関の研修・講座に登壇するほか、プロ野球球団やトップアスリートの教育研修も手がける。これまで延べ1万人以上を指導。テレビ番組の監修やラジオ番組のニュースコメンテーターなども務める。著書に『そもそも「論理的に考える」って何から始めればいいの？』（日本実業出版社）、『数学的に考える力をつける本』（三笠書房）、『「仕事」に使える数学』（ダイヤモンド社）など多数。

わけるとつなぐ
――これ以上シンプルにできない「論理思考」の講義

2020年10月13日　第1刷発行

著　者――深沢真太郎
発行所――ダイヤモンド社
〒150-8409　東京都渋谷区神宮前6-12-17
https://www.diamond.co.jp/
電話／03･5778･7233（編集）　03･5778･7240（販売）

ブックデザイン―杉山健太郎
本文DTP――桜井淳
校正――――加藤義廣（小柳商店）
編集協力――渕本麻菜美、一条真輝、山﨑遼加
製作進行――ダイヤモンド・グラフィック社
印刷――――勇進印刷
製本――――ブックアート
編集担当――今野良介

ISBN 978-4-478-10533-7